爆款文案写作与变现

李虹林 ◎ 著

当代世界出版社
THE CONTEMPORARY WORLD PRESS

图书在版编目（CIP）数据

爆款文案写作与变现 / 李虹林著. --北京：当代
世界出版社, 2021.1
ISBN 978-7-5090-1351-9

Ⅰ.①爆… Ⅱ.①李… Ⅲ.①广告文案—写作 Ⅳ.
①F713.812

中国版本图书馆CIP数据核字(2020)第210704号

爆款文案写作与变现

作　　者：李虹林
出版发行：当代世界出版社
地　　址：北京市东城区地安门东大街70-9号
网　　址：http://www.worldpress.org.cn
编务电话：（010）83907528
发行电话：（010）83908410（传真）
　　　　　13601274970
　　　　　18611107149
　　　　　13521909533
经　　销：新华书店
印　　刷：北京市玖仁伟业印刷有限公司
开　　本：710mm×1000mm　1/16
印　　张：15
字　　数：200千字
版　　次：2021年1月第1版
印　　次：2021年1月第1次
书　　号：ISBN 978-7-5090-1351-9
定　　价：48.00元

前　言

知名公众号"粥左罗"90后运营者，依靠文案写作一路逆袭，实现了从月薪2300元到年薪百万元的蜕变；

辽宁一对夫妻，辞职后开始旅游，途中从零开始写文案，一年赚取接近百万元的广告费；

40多岁的徐沪生，带着6人团队，短短三年把公众号"一条"做到了估值32亿元；

……

看到这些案例，你是否也会很心动？在人人都是"创作者"的自媒体时代，靠笔杆子真的能赚钱吗？

答案是肯定的，并且，你我都是这一切的见证人。

我们所看到的朋友圈文案，做得好的能月入5万元＋；我们在抖音刷到的短视频文案，有的能帮博主带货超10万元；我们在淘宝上看到的一些产品文案，或许能让某个店铺的产品"卖断货"……

这一切也就意味着，在互联网时代，爆款文案能戳中消费者的内心，激发消费者的购物欲望，绝妙的文案会将消费者与产品紧紧黏合在一起，不断产生价值。毫不夸张地说，经典的文案就像一台"印钞机"，能够帮助我们用文字换取真金白银，甚至创造上百万的价值。

不可否认的是，在人人都可以做"自媒体"的今天，文案的带货能力、变现能力已经越来越强，文案创作的门槛也变得越来越低，但这是否就意味着文案创作是一件轻而易举的事情，人人都能写出价值百万的爆款文案呢？

当然不是。

归根到底，文案创作是一门艺术，也是一项技术活，一名优秀的文案创作者，要既是"专家"，具备深厚的文字功底和高超的写作技巧；也是"杂家"，掌握丰富的知识，懂得融会贯通；还是"心理学家"和"营销学家"，能够揣摩消费者的心理和思维方式，懂得如何包装和推销产品。换言之，文案写作是一个综合性很强的工作，要兼顾方方面面的问题。

看到这里，或许，刚刚对文案创作心动的你，又会偃旗息鼓，感叹"太难了"。对此，我想说的是："大可不必！"

在这个世界上，做所有的事情都是有"套路"、有方法的，只要掌握了这些"套路"和方法，拥有一套自己的专属模板，再难"啃"的骨头，也会变得简单。文案创作尤其如此。

可以肯定的是，没有人天生就是文案高手，再"牛"的"文案大神"，也是从"文案小白"一步步晋升而来的。而本书的写作目的，正是要帮助有志于在文案创作方面做出一番成绩的你，找到那把打开文案写作通道的"金钥匙"，教会你一套易学易用的爆款文案写作方法。相信只要掌握了这套方法，即便是从未接触过文案写作的"文案小白"，也能快速晋升为靠文案赚取真金白银的文案高手。

本书是一本爆款文案写作工具书，主要从文案选题策划方向、文案标题打造、文案正文撰写、文案写作技巧等多角度介绍了文案写作的实操方法，并分门别类地介绍了短视频文案、电商文案、朋友圈文案、直播文案等目前最火爆的几种文案写作秘籍。

总结起来，本书主要有以下几大特色：

【方法论干货满满】介绍的文案写作方法要点清晰、实操性强。

【案例剖析深刻】以各种爆款文案的案例来向大家剖析爆款文案的写作方法，由浅入深、通俗易懂。

【内容全面拓展】包含了文案创作从选题到标题、到正文再到结尾的全部写作方法，并配有相关的技巧提升法则。以期帮助大家解决文案写作过程中的全部问题，让大家少走弯路。

"不积跬步，无以至千里；不积小流，无以成江海"。相信通过阅读本书，你一定能够掌握爆款文案写作的基本思路和框架，一步一个脚印，将自己打造成真正的"文案大神"。

目 录

第1章
文案神奇作用，产品销量倍增

　　作为文字展示其巨大魅力以及无穷魔力的最佳形式之一，文案的魅力是巨大的。一个好的广告文案，能轻而易举地将人们带入某种设定的情景，并成功激起人们的情绪和购买欲望。可遗憾的是，如今，尽管写文案的人很多，而能写出深入人心、刺激消费的爆款文案之人却并不多。这种现状，也值得每一个文案创作者深思。

1.1　不可小觑，爆款文案就是"印钞机"

作为文字展示其巨大魅力以及无穷魔力的最佳形式之一，文案的转化率和销售力都是巨大的。于是，在文案创作界，也出现了这样一条默认的行业规则："不能赚钱的文案就是耍流氓。"很多时候，一个爆款文案，的确能够拯救一家店，或者带火一个品牌、一种产品。从这个角度来说，所谓的"爆款文案"，就是用文字换真金白银的"印钞机"。

1.1.1　普通文案比起爆款文案，究竟差在哪里

在文案创作界，有的文案在现实生活中只能产生小小的"水花"，而有的文案却能引起巨大的关注，为文案创作者带来巨大的收益。

比如，有一家专门做卫生巾的企业，为了增加产品的销量，特意花5000元在各大媒体平台上投放广告文案，但是收效甚微。后来，这家企业的文案创作者对原来的文案进行了修改，前前后后大概修改了20遍，最终才投放出去。

没想到，这一投，该篇文案就达到了10万＋的阅读量，在此次文案推广中，他的产品卖了接近3997单，获利30多万元。对比之前的营业额，利润翻了几万倍。

由此可见，文案写得好与坏，会直接影响到产品的销量，这也是普通文案价值30元，爆款文案价值3万元的关键原因。

那么，什么样的文案是普通文案，什么样的文案是爆款文案呢？这两者之间究竟差在哪里呢？接下来，我就为大家具体分析。

1.普通文案："O"型文案

归纳起来，普通文案又可以分为以下两种：

（1）文案语言平淡无奇

现实生活中的大部分文案，都是以平淡无奇的语言来描述产品，例如：

本店牛排采用的是进口原材料，并且还邀请国际营养大师用最适合人体需求的比例烹饪，想不想来一块？——牛排文案

本店的果汁饮料是鲜榨果汁哦，又鲜又甜又好喝，快来尝尝吧！——果汁文案

这两个文案都有一个共性——文案语言平淡无奇。虽然这两个文案都给消费者传达出了产品的特点和优势，但是过于平淡的语言会让人觉得索然无味、毫无吸引力。因为有很多牛排店的牛排都是进口原材料，很多果汁店的果汁都是鲜榨的，要想在众多竞争者中脱颖而出，还需要让文案变得更加有创意。

（2）过度玩文字游戏

第二种普通文案是以自我视角去写、堆砌一些华丽词语的文案，比如用"头排、怡然、梦想、自由"等词语来为产品"加分"。例如：

头排汉江，头排企业——江景房文案

沁心怡然，轻养每一刻——茶叶文案

第一个案例，文案创作者很明显是想要文案更顺口；第二个案例中的"沁心"与"怡然"其实都是安适自在的意思，此处重复语义，且"轻养"一词可能是想表达"轻养生"的意思，在此处显得有些断章取义。

这种过度玩文字游戏的文案虽然显得"高端大气上档次"，但有时候文案创作者为了拼命拽词，会很容易偏离文案创作的最初目的，不会引发消费者较强的消费欲望。

总之，如果只是平铺直叙地描述产品，会很难抓住消费者的眼球；同时，当作者过分玩弄文字游戏时，也就很容易忽略产品本身的亮点。倘若把这两种普通文案念给消费者听，也只能换来他们一声漫不经心的"哦"，

无法唤醒消费者的购买欲望，因此，这类普通的文案也被称为"哦"反应文案，即"O"型文案。

互联网时代，不仅知识需要更新，文案也需要更新。如果你的文案还是平淡无奇或者是玩弄文字游戏，那么长此以往，作为文案创作者的你，思维就是封闭循环的，在快速更迭的信息时代，啃老本的你就会被淘汰。

那么，什么样的文案才是这个时代最受欢迎的呢？

2. 爆款文案："A"型文案

在信息爆炸时代，"爆款"一词似乎成为了人们口中的流行语，比如：爆款表情包、爆款口红、爆款洗发水等，"爆款"两个字已被深深烙下"商品化"的标签，成为了文案创作者竞相追逐的目标。

与普通的"O"型文案相反，爆款文案能够激发消费者强烈的反应，比如，看到爆款文案的读者，心理会产生惊讶："啊，原来是这样"，抑或产生信任："啊，说到我心里了"，抑或引起共鸣："啊，我也是这样的"。因此，爆款文案也被称之为"啊"反应文案，即"A"型文案。

同样是文案，上文中所列举的文案如果换种方式来写，就会显得很出色。

闭上眼睛，听牛排在烤架上滋滋轻唱！让舌尖带你品尝新西兰的味道！——新西兰牛排店的文案

听说爱喝芒果汁的女生，有一半在"芒"着恋爱，另一半在"芒"着可爱，你呢？——味全芒果汁文案

经过修改的文案，比之前显得生动了很多。并且，我所列举的味全，曾因为果汁文案引发了一阵集瓶热潮。其文案新颖独特，深受消费者喜爱，比如：

许愿瓶：许个愿，开盖有答案；

前任瓶：离开你以后，我顺利通过了司法考试，快夸我；

欠字瓶：你欠世界一次纵情狂欢；

宜字瓶：宜，喝果汁。

也正是因为独具特色与创意的文案，让这款饮料成为了爆款。

再比如，同样是江景房的文案，"A"型爆款文案会这样写：

水在动，景在流，浪漫水岸生活。

经过修改后的文案，仅仅几句话，就给消费者白描出一个场景，会让消费者不自觉地去想象自己在江景房生活的那种画面，如果消费者产生"啊，这就是我想要的生活"的想法时，消费者购买江景房的概率就会大大提升，这样的文案甚至会成为房产界的"爆款"。

由此可见，爆款文案是普通文案的升级版，如果普通文案创作者能够摆脱固有的写作"套路"，实现跃升，那么打造出价值3万元的爆款文案便不再困难。

3. 普通文案比起爆款文案，究竟差在哪里？

通过上文的介绍，文案创作者对普通文案与爆款文案已经有所了解，想必大家也看到了这两者之间的差距，那么，这两者之间，究竟差在哪里呢？在这里，我给大家罗列了这两者之间最明显的三大主要差距。

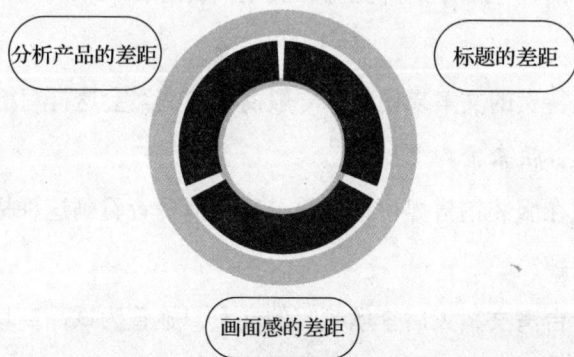

图1-1　普通文案与爆款文案之间的三大主要差距

（1）分析产品的差距

对于消费者而言，他们很多时候懒得详细了解并比较产品，更多时候会通过产品的文案来判断这款产品是否值得购买，因此，如果一个文案能够准确地向消费者分析自己产品的优势，那么这个文案就成功了一半。

比如小米在宣传自己产品的时候，会将产品分割成一个个独立的属性，描述小米 4 的不锈钢材料时，其文案如下：

一块钢板的艺术之旅。在 193 道工序的规划、设计、精密加工与生产过程中，它逐渐焕发出生机。融合工程与艺术，追求极致的精密与品质，赋予一块 309 克的钢板以生命。历经 32 小时的加工雕琢，最终凝结成您手中的 19 克。

这样一篇爆款文案，与普通的手机文案"×××手机，质量杠杠的！"相比，会更加形象地将产品材料与工艺展现在消费者的面前，体现了小米手机的优势，因此，关注产品材料的消费者就会毫不犹豫地购买这款手机。

（2）标题的差距

自媒体时代的读者，普遍都比较浮躁，看文案通常只看标题。不知你是否发现，目前，生活中的那些爆款文案，都存在一个共同点：标题能抓人眼球。

就以服装特卖的文案来说吧，一般商场的文案会这样写标题：

春季特卖，快来抢购吧！

这种标题在服装销售界可谓千篇一律，消费者看到这种标题自然也提不起购物的兴趣。

再来看看台湾文案天后李欣频写的文案，她曾为诚品商场春季特卖写过一篇文案，其文案标题就是：

"白"感交集的春天，"白"无禁忌

该文案标题着重体现的就是"白色"，与文案内容相呼应，共同构建出一个白色的事物或者精神寄托物，呈现出白色的视觉画面，让消费者对本次特卖形成白色的印象。也正是借助这个文案的标题，诚品商场的春季特卖取得了很好的销售成绩。

（3）画面感的差距

当同时描述"火锅"这款产品时，如果是普通文案，会这样写道：

这家火锅，又辣又好吃，快进店品尝吧！

而爆款文案则会这样写：

你是否怀念，寒风凛冽的冬天，和家人一起涮火锅的日子？带上家人，一起进店品尝，感受亲情的味蕾吧！

由此可见，爆款文案与普通文案的差距在于是否给消费者营造了画面感，让消费者更容易产生共鸣。

总而言之，文案创作者写文案的目的主要是为了改变别人的行为，如果仅仅让消费者停留在普通文案的"心动"层面，不付出最后的"行动"，那么文案的写作可谓功亏一篑。因此，写文案，就是要写爆款文案。只有写好文案，才能让你的文案价值实现跃升。

1.1.2　爆款文案的"三高"模型

在"内容为王"的今天，各大企业平台在进行营销时，往往都喜欢利用"文案"这个工具来提升销量。比如，抖音的"抖音，记录美好生活"、拼多多的"拼多多，拼得多，省得多"、VIVO 的"逆光也清晰，照亮你的美"……

这些产品文案仅仅通过三言两语，就能让消费者眼前一亮，并且深记于心，这其实是因为文案创作者找到了写作技巧，即爆款文案的"三高"写作模型。

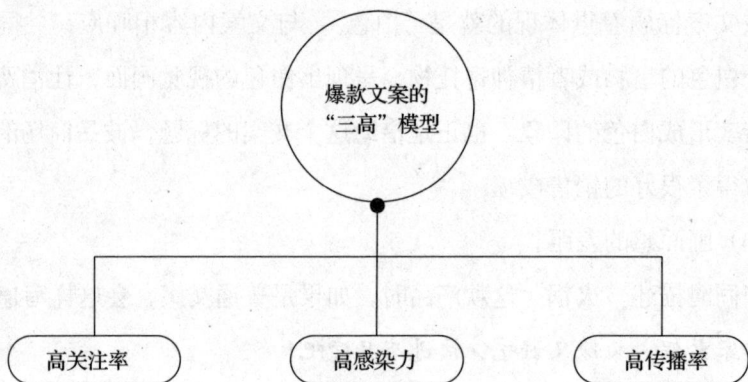

图 1-2 爆款文案的"三高"模型

1.高关注率

高转化率的文案最大的特征之一是能够引发消费者的广泛关注。比如，某家黄焖鸡米饭的文案是这样写的：

鸡没有米饭好吃！

这样一句短小精悍的文案，是否也让你萌生尝一下米饭的想法呢？这也正是爆款文案高转化率的魅力所在。短短一句文案，将消费者的注意力转移到了"米饭"这一大竞争优势上。

2.高感染力

爆款文案的最终目的便是成功销售、获得利润，因此，通常情况下的爆款文案具备较强的感染力，其实也就是所谓的"共情"。

比如，网易云音乐的文案：

TA 习惯默默点赞，却很少分享自己的回忆。

这一条文案，勾起很多人的情感共鸣，能让消费者产生"那么多牌子，只有你最懂我"的感受。

3.高传播率

在生活中，一篇爆款文案的传播率是极高的，它能够被多人转发分享，引起连环传播效应，比如，知名知识星球公众号粥左罗的一篇《毕业

4 年月入 20 万：职场上混得好的人，都遵循这 8 条高成长定律》，被 6000
名用户转发分享，其文案销售额突破 12 万元。由此可见，爆款文案的传
播率是极高的。

文案"加油站"

　　在生活中，你还遇到过哪些爆款文案？试着将它们写下来，
建立你的文案素材库，随后进行分析，观察这些爆款文案存在哪
些共同点？

1.2　为什么 80% 的人写不出爆款文案

　　很多文案创作者，可能遇到过这种情景：拿着熬了几个通宵写出来
的文案给老板，却被老板吐槽"没意思""看不下去"……你会在心底反
复地问自己：为什么会这样呢？为什么自己的头脑中没有迸发出一丁点儿
灵感？难道是自己脑洞小？或者是文笔不够好？那些写出爆款文案的大师
们，是不是真的脑洞巨深？是不是有什么隐藏的秘籍？

　　其实都不是！他们只不过是掌握了文案写作的规律和逻辑而已。如果
你也能避免一些误区，掌握文案写作的规律和逻辑，就再也不用害怕写不
出爆款文案了。

1.2.1　原因一：把"灵感"看作"救命稻草"

　　在文案创作者的潜意识里，总会有这样一种观念存在：要想写出爆款
文案，必须要有写作灵感。于是，当文案创作者拿到文案任务时，第一件
事就是"上天入地"地寻找灵感。灵感，对于文案写作来说，真的有那么
重要吗？

在回答这个问题之前，我们先来看一个案例：

我的一个朋友，开了一家房产销售公司，他的公司里有两名专职文案。有一天，为了了解两位职员的工作状态，朋友专门观察了他们写文案的工作方法。

首先是甲职员，当甲拿到文案任务后，朋友发现，甲会先在电脑上搜集各种与产品和行业相关的文案资料，找到资料后的甲，会和大家一起开会展开头脑风暴，然后会参考一些经典文案，想尽一切办法来寻找灵感。

而同样接到文案任务的乙，会首先和自己的朋友讨论文案需求，研究产品的卖点，再通过各种方式与消费者取得联系，展开密切沟通，最后分析文案的推广渠道。

除了工作流程不同，甲和乙在时间分配上也有很大的区别。比如，甲通常会花费70%的时间来寻找创意，20%的时间来组织文案语句，10%的时间来安排文案逻辑；而乙则刚好与之相反，花费10%的时间来寻找灵感创意，20%的时间来组织文案语句，70%的时间来安排文案逻辑。

最终，交给朋友的两个文案，乙写得明显更好一些，而且乙的工作效率也更高一些。

案例中的乙，之所以能够写出更好的文案，是因为他对于文案的营销逻辑与营销目标有清晰的了解，对产品和受众也有深刻的研究。于是，他很快在脑海中生成一个场景，从容地从受众本身的特质出发来写作，并且根据推广渠道的风格来调整文案的风格，最终呈现出来的文案也就比甲的要好一些。

如果该案例中的甲不只是依靠灵感来写作，而是先通过逻辑来梳理写作思路，那么，最终写出来的文案应该不会很差。

事实上，文案创作者总是将爆款文案归功于它的创意，其实，真正爆款文案的背后，有写作逻辑的强大支撑，如果文案创作者不了解整体的写作目标，只是在文字上面下表面功夫，那么，不管他如何思考，再怎么抓耳挠腮也写不出爆款文案。

况且，营销文案和文学作品的文案是不同的，相较后者，前者的灵感并不需要很强大，但其必须要有理性头脑进行武装，在一定规则的约束下发挥作用。文案创作者们平时所仰望的"文案高手"，之所以能够写出爆款文案，并且极具创意，是因为他们掌握了写作的根本逻辑，在逻辑规则下最大化地发挥了自己的潜能。

由此可见，爆款文案的写作关键不在于文字功底，也不在于灵感，这些都只是写作的表面现象。如果你在写文案的时候，总是幻想着有一天灵感能够直接撞进自己的头脑里，那么你写文案的水平，永远也不会提高。

因此，要想写出爆款文案，你首先得抛弃你所谓的"救命稻草"——灵感，只有不把撰写文案的希望放在灵感上，不盲目地追求创意，你才能踏上文案高手的修炼之路。

1.2.2　原因二：缺乏文案写作逻辑

文案写得好，逻辑很重要。文案创作者可以通过理顺文案的写作逻辑，从各个维度获取关键性的素材，按照特定的步骤写出爆款文案。

那么，爆款文案的写作逻辑到底是怎样的呢？

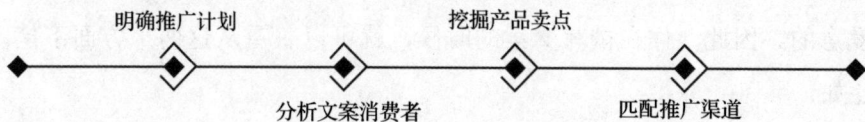

图 1-3　爆款文案的写作逻辑

1. 明确推广计划

产品的推广计划是文案的"主心骨"，文案创作者在写文案之前，首先要以产品的推广计划为指导，明确文案在整个产品推广计划中所发挥的作用，从而拟定文案的写作目标。

具体而言，就是文案创作者在为产品撰写营销文案的时候，需要分解推广计划中的每一个步骤，明确每一个步骤中文案的作用，从而让文案写作更加准确与高效。

事实上，要想文案发挥其营销的作用，就已经到了产品用户转化的阶段了，如果此时的文案内容依旧是一些产品介绍、产品卖点的话，那么就和整个产品的推广计划不相符了。

因此，无论文案写得多华丽，只要是脱离了推广计划，文案的写作方向和目的就一定会出现偏差，不管文案创作者如何努力也不会有效果。因此，写作逻辑的第一步是明确产品的推广计划。

2. 分析文案消费者

文案创作者之所以写文案，是想通过文案来吸引更多消费者，从而提升产品的销量。在这个过程中，目标消费者的感受是很重要的。因此，文案创作者在动笔之前要思考，该文案的目标受众群都有谁？文案创作者的产品可以帮助他们解决哪些问题？消费者看到这些文案后会有怎样的感受？只有想明白这些问题，你写出来的文案才能引发消费者的共鸣。

举个例子，如果你要写一个奶粉的文案，那么你针对的目标消费者就是宝妈，这个群体对于产品的质量安全是非常敏感的，对孩子是充满爱意的。因此，你在撰写文案的时候，就可以着重从这两个方面下笔，比如：

是他让我懂得可以扛得起，也可以放得下。可以哭着微笑，也可以笑着流泪。为妈妈的爱加分，贝因美，爱加。——贝因美奶粉

南山奶粉，健康关怀，真情相伴。——南山奶粉

正因为品牌的宣传点抓住了宝妈群体的消费痛点，贝因美和南山这两

个品牌的奶粉才在第一时间赢得了消费者的信赖。

3. 挖掘产品卖点

产品作为文案重要的写作素材，却往往没有被很好地合理运用，这是因为很多文案创作者只会自卖自夸，而不会对产品信息进行深度挖掘，找到满足目标受众需求的产品卖点。

那么，产品的卖点应该怎样挖掘呢？

假如文案创作者手里的产品是一款牙膏，它能帮助消费者解决的问题是清除口腔异物。那么，这款产品的文案就可以这样写：

深入口腔，"扫"出污垢，给牙齿来一次"大扫除"。

相对于其他牙膏产品而言，这款牙膏的成分比较天然，不含有过多的化学成分，其文案就可以这样写：

植物材料，温柔待你。

这样一来，产品的卖点就在文案中体现出来了，既能吸引住消费者的眼球，也能更好地抓住消费者的痛点。

4. 匹配推广渠道

文案的推广渠道有很多种，但每个渠道上的用户习惯都不尽相同，因此，与之匹配的文案特点也不一样。

比如，微信朋友圈里的文案的主要目的是引导消费者点击，所以，在撰写朋友圈文案的时候，文案创作者要保证文案风格与朋友圈的氛围一致，力求促成二次传播；百度推广里读者的阅读时间通常在1~5秒，所以，其写作要点是要让文案的标题和目标受众搜索的关键词相关；而传单上的文案则要引导消费者关注产品。因此，在撰写此类文案时，要充分展现产品的利益点。

当文案创作者完成以上逻辑步骤后，就可以开始撰写文案了。总之，爆款文案绝不是依靠灵感来完成的，而是依靠理性的逻辑和仔细的分析，一步一步脚踏实地得来的。

1.3 文案写作的四大"神坑"，你中招了吗

沃尔玛的"别赶路，去感受路"；知乎的"看得越多，越想看更多"；苹果 iPod 的"把 1000 首歌装进口袋"；支付宝的"找得到生活的人，在哪个城市都能找到家的感觉"；New Balance 的"人生没有白走的路，每一步都算数"……

与这些大放异彩的文案相比，失败的文案如过江之鲫，数不胜数。总体来说，文案之所以失败，是因为文案创作者们在撰写文案时"完美"掉进了写作"神坑"。

因此，要想写出爆款文案，就要学会避开文案的写作"神坑"。那么，文案创作的"神坑"有哪些呢？

文案创作的四大"神坑"

刻意炫耀　　词藻堆砌　　过度描述　　自降身份
过分夸大　　不知所云　　弄巧成拙　　恶意抨击

图 1-4　文案创作的四大"神坑"

1.3.1　刻意炫耀，过分夸大

为了将产品塑造得更加完美，有些文案创作者常常"用力过猛"，刻意炫耀、过分夸大产品的功能与优势。当消费者冲着文案去买了产品之后，发现产品与自己的期望存在"天堑鸿沟"，于是就会产生较大的心理落差，甚至会认为遭受欺骗，失去对品牌的信任。

例如，某家用投影仪的文案如下：

×××投影仪，高清智能一体机，为你带来极致的视觉盛宴。

该文案用"极致"一词来阐述投影仪的视觉效果，事实上，"极致"一词的含义比较虚，无法让消费者产生具体的印象。乍一看，似乎很高大上，但会让产品如同"高岭之花"一般高不可及。

如果消费者购买此产品体验之后，发现投影仪的效果没有达到"极致"的境界，那么该投影仪原本的宣传优势——"极致"，就会变成产品的"黑点"。

因此，有时候"王婆卖瓜，自卖自夸"会适得其反，这种类型的文案会让消费者觉得"不真实"，是虚假宣传，会在一定程度上拉低产品的好评度。

1.3.2　辞藻堆砌，不知所云

"辞藻堆砌，不知所云"型的文案类似上文中所提到的"过度玩文字游戏"的类型。这类文案既无法准确地定位产品的卖点，也无法让消费者理解文案的意思，让消费者如坠云里雾里。

例如，某家糖果店针对刚上新的糖果，写了如下文案：

酸酸甜甜，触动你的味蕾！

这一案例中，"酸酸甜甜"虽然准确地描述出了糖果的口味，但是后面"触动你的味蕾"却显得有些抽象。因为每个人对于味道的喜好和感觉都是不同的，即味蕾触动点是不同的。因此，这个糖果究竟有多"酸甜"，具体是怎么个"甜味"与"酸味"，是微甜还是齁甜，是微酸还是巨酸，消费者就不得而知了。

这一类型的文案，要做出突破，可以这样修改：

糖葫芦般酸酸甜甜的糖果，依旧是记忆中山楂的微甜清香，确定不尝一块吗？

修改后的文案，既兼顾了文案的文采，也适当运用类比法，让消费者对糖果的口感具备更加具体的认知，即"和糖葫芦一样酸甜"。如此唤醒消费者脑海中的场景，会让消费者看到文案后产生购买的欲望。

因此，要想避开"辞藻堆砌，不知所云"的坑，就要对产品做具体描述。

1.3.3　过度描述，弄巧成拙

众所周知，汉字博大精深，有时候一个词用在不恰当的情境中，很容易产生歧义。这种情况在文案写作中也常常遇到。

例如，某房地产项目的文案如下：

买房送墓地，一生置业一步到位！

虽然这个文案清晰地表达了买房的优惠之处，但是很容易引发消费者的反感，他们会觉得这很不吉利。这就是因为文案创作者在写文案时，过度描述，没有考虑到文案综合表达出的信息，导致文案在消费者端的负面影响被放大。

再比如，有的楼盘文案会这样写：

推开窗，你就能看见未来。

这句文案对于有恐高症的消费者来说，会在脑海中浮现这样一幅场景：站在二十几层的高楼，推开窗俯瞰大地。会让消费者不自觉地产生一种毛骨悚然之感。

因此，为了避免弄巧成拙，文案创作者还要充分考虑产品自身所在的语义环境等因素，否则，可能会让消费者产生不好的联想，导致产品卖不出去。

1.3.4　自降身份，恶意抨击

生活中总有那么一群人，他们喜欢贬低别人、抬高自己，而他们写出来的文案，就只会凸显自身优势，甚至是捏造事实、恶意抨击竞争对手，即通过踩低别人而提高自己。

例如，某手机品牌的文案：

终于，"我"摆脱了千元机的"卡慢丑"。

这一文案想要表达的意思是：与市面上"卡慢丑"的千元机相比，这款手机的运行速度更快，而且外观也很好看。虽然突出了该手机的优势，但是这种捧高踩低的方法，会让消费者产生疑问：文案中的事情是真的吗？也许有使用过千元手机的消费者就会为其竞争对手打抱不平。

在销售行业里，"竞争"虽然是很重要的，但是，所谓的"竞争"一定是"你死我活"吗？答案是否定的。在这个时代，真正能够走到最后的人，总是那些以良性竞争为原则，依靠自我发展来实现竞争实力增强的人们。如果文案创作者只会自降身份、恶意抨击他人，那么整个行业的"恩恩怨怨"会无休无止，甚至会引发消费者的反感。

以上四大"神坑"，是大多数文案创作者在创作文案时存在的主要问题。在此阐述出来，是为了给各位文案创作者敲响警钟，避免耗费大量心血的文案，最终只能丢进垃圾桶。

总而言之，爆款文案的写作并不是一件容易的事情，它既要求文案创作者在写作过程中避免掉进各种"神坑"中，同时还需要他们拥有正确的写作逻辑。俗话说"只要功夫深，铁杵磨成针"，如果文案创作者们不放弃写作，不对自己丧失信心，相信通过学习本书的干货，写出来的文案质量会有巨大的跃升！

1.4 想出"爆文"？优秀的文案修养必不可少

很多人认为，一个文案创作者的主要工作就是遣词造句、铺排文字，如果你也这样认为，说明你离爆款文案还有一定的距离。自媒体时代，优秀的文案素养是支撑文案创作者写出"爆文"的力量。在这里，给大家总结了三大文案修养——学会思考、擅于积累和新闻敏感。

1.4.1 学会思考

文案创作者既是写作者，也是思考者。在撰写文案的过程中，思考能力在很大程度上决定文案内容的好坏。那么，如何去训练文案创作者的思考能力呢？

1. 习惯追问

英国哲学家罗素曾经说过："很多人宁愿死也不愿思考。"对于很多人而言，用脑思考是一件比搬砖还累的事情，渐渐地，他们就会逐渐依赖于别人的观点与想法，对于很多事情停留在一个很模糊的认知状态中。

因此，要想训练思考能力，文案创作者首先要做的就是要习惯性地去追问各种事物的本质。比如大家都知道文案写作要引发消费者的共鸣，但是只有极少的人愿意追问到底什么是共鸣。

由此可见，文案创作者要有"十万个为什么"的思维，以习惯性追问事物的本质来提升自己的思考能力。

2. 习惯建立知识网

文案创作者在追问很多事情后，会接受来自四面八方的知识点，而这些知识点往往有着千丝万缕的联系。所以，文案创作者提升思考能力的下一步就是习惯地建立自己的知识网，在各种知识点中建立联系。

比如你学到一个新词"饥饿营销"，如果你发现某个平台故意降低产品的产量，用高价格和低供给来吸引消费者，那么你就可以联想到"饥饿营销"这个词，思考这两者之间有什么必然联系，这种方式能够让文案创作者的大脑运转起来。

3. 习惯应用知识

俗话说："一切不被你应用的知识，都不真正属于你。"文案创作者只有将自己学到的知识融会贯通之后，才能真正完成整个思考的过程。

还是以上面的"饥饿营销"为例，当你找到两者之间的关系时，你需要思考怎样去用"饥饿营销"来解释这个平台的营销模式，用怎样的逻辑来讲述清楚，这些都是你所思考的东西。总之，应用知识的过程，便是提升文案创作者思考力的过程。

1.4.2　擅于积累

古人云："不积跬步，无以至千里。"爆款文案的修炼也不是一日之事，文案创作者需要长时间的知识积累。要想形成日常积累的好习惯，这里有两个方法供大家参考：

1. 随时记录

生活中，很多名人都有记录的习惯，比如罗振宇，他有一个随身携带的"笔记本"，专门记录"杀手级"的金句；再比如马云，他聘用了一个特别助理，这个助理的工作就是帮助他记录手机互联网上各种精彩的段子。由此可见，"记录"是提升文案修养的有效方法。

所以，当文案创作者在生活中看书、聊天、听课、上网的时候，如果看到一些很优秀的素材，那么文案创作者可以将其记录下来，作为自己文案创作的灵感来源。

除了记录素材，文案创作者还可以记录自己的碎片思维，因为有时候的灵光乍现非常宝贵，如果你不记录下来，很容易稍纵即逝。

2. 及时收藏

相较于记录，"收藏"这种积累方法会更加简便与快捷，几乎毫不费力，一秒就能搞定。但是，依旧还是有很多文案创作者没有这个习惯。

不过，文案创作者在积累的过程中，需要注意以下两个事项：

1. 定期整理

整理素材就像收拾屋子一样，你可以将一些同类型的素材分门别类地整理在一起，这样当你去写文案的时候，就能够很快查找到你所要的东西。

2. 定期熟悉

要想做好文案，就要与时俱进，有时候你积累的文案素材有可能会过时，所以，你要定期去翻翻你的收藏夹，筛选出质量高且比较新的素材，这样你用的时候才会更加得心应手。

1.4.3　新闻敏感

所谓"新闻敏感"，是指新闻工作者发现新闻的一种能力，对于文案创作者而言，这种能力也是极为重要的。其具体要求总结起来有以下几点：

1. "快"

文案创作者要在短时间内迅速捕捉相关事件正在或即将发生的一些变化。

2. "准"

文案创作者能从纷繁复杂的事件中判断和选择出具有传播价值的

内容。

3."灵"

文案创作者要摆脱固有的思维模式和工作思路，拥有灵活的思维模型。

"新闻敏感"不是与生俱来的，而是文案创作者在写作过程中不断培养训练获得的。因此，文案创作者要有"慧眼识真金"的本领，擅于在别人看不起眼的"烂铜废铁"中寻找"真金"。比如，有意识地去观察日常工作生活中的细节，多去看看网页上的一些热点新闻，这样日积月累，养成习惯的你就会在潜移默化中形成"新闻敏感"。

文案"加油站"

文案人的其他素养：同理心、好奇心、想象力、良心和责任感、工匠精神。

这些素养，你是否都具备呢？

第2章
选题策划：定好方向，
文案就成功了一半

俗话说："选择不对，努力白费。"文案撰写亦是如此，一个好的文案选题，决定了消费者是否能够在"海量"的内容中一眼看到文案并被它吸引。换言之，一个好的文案选题，决定着文案50%的成功几率。因此，做好文案的选题策划，是撰写爆款文案的第一步，也是最关键的一步。

2.1 入门篇：爆款文案选题的三大特点

策划选题是撰写文案的第一步，也是最关键的一步。正所谓"成功的文案三分靠内容，七分靠选题"，在如今这个信息爆炸的时代，它决定了人们是否能在"拥挤"的内容中一眼看到文案并且被它吸引。

因此，做爆款文案选题也是众多文案创作者为之努力的方向。然而，要想做出爆款文案选题，首先得了解爆款文案选题的三大特点，然后针对这三大特点来进行策划。

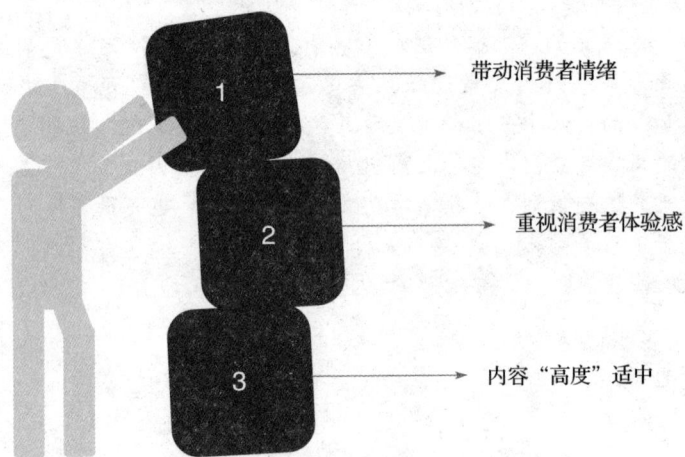

图 2-1　爆款文案选题的三大特点

2.1.1　特点一：带动消费者情绪

现代社会发展迅速，很多人都像活在"高压锅"里，压力巨大。在这样的情况下，人们的情感、情绪和心态必然会受到影响。负面情绪积累得越来越多之后，人们需要通过外部方法来慰藉、缓解、消化这些情绪。这也是为什么现在很多选题都侧重情感、心态类，帮助人们寻找心灵慰藉的原因。

"下厨房"是一家美食菜谱网站，其文案创作者在策划选题的时候，会从带动消费者的情绪入手，例如：

唯有美食与爱不可辜负。

南来或北往，愿为一人下厨房。

离开充满童年记忆的家乡，只身一人来到上海求学，7 年的沪上时光，完成了学业，收获了爱情，如今和她心爱的人一起来到了北京工作。H 说，她并不讨厌漂泊，因为可以吃到各地的特色食物，更何况还有爱人相伴。

仅仅开头一小段，便已经让人窥到隐藏在人间烟火里的美食故事。这些故事在晨钟暮鼓里，在每一张餐桌上时时上演，浸透着浓浓的情感。这样的文案，将美味的食物、细腻的情感、清丽的文字结合起来，自然可以俘获人心。这也证明了爆款文案的选题是能够带动消费者某种情绪的。

因此，文案创作者在策划文案选题的时候，可以从消费者的情绪入手，找到产品与消费者的情绪共鸣点。文案创作者可以用爱情、友情、亲情、信任、安全、思念、怀旧、感恩等正面的情感与产品或品牌相结合，营造细腻感人的情感故事。例如：

励志橙——褚时健

励志橙即褚橙，之所以闻名全国，被众多人歌颂，是因为褚橙被赋予了褚时健大起大落的人生经历和百折不挠的拼搏精神。这样将产品——橙子融入平凡生活里的温情脉脉和励志精神，既介绍了橙子本身，又展现了其背后的故事，自然可以带动消费者情绪、引起共鸣、增加销量。

除了励志橙的成功案例，还有国产品牌——百雀羚，也通过带动消费者情绪打造出非常好的口碑。

我的任务就是与时间作对——百雀羚《一九三一》

百雀羚发布的《一九三一》，用一镜到底的长图构景，通过极具民族特色的风格，谍战片一样的构思，为大家呈现出一个美艳冷血杀手的故事，毫无广告痕迹。

在故事最后观众才会发现那句反转——"我的任务就是与时间作对"，将百雀羚母亲节礼盒抗衰老的卖点明确表达出来，短时间内就收获 10W+ 的阅读量，带动了广大女性消费者与时间"作对"的情绪。

通过以上案例，文案创作者可以发现，要想通过选题带动消费者的情绪，其实并没有那么难。主要是尝试从理性到感性层面，找到产品或品牌与消费者情绪的共鸣点，主攻消费者内心。文案创作者只有掌握消费者的心理，并以此为切入点找到情感联结，才能创造出带动消费者情绪的选题。

文案"加油站"

文案创作者在制造文案选题的情绪点时，要找一些高能量的正面情绪，而像焦虑、愤怒、悲伤类的高能量负面情绪建议少用，否则会引起不好的社会反响。

2.1.2　重视消费者体验感

在"互联网＋"时代，文案创作者想要提升影响力或者创造效益，不尊重"得消费者得天下"这一铁律写出来的文案很难达到这样的目的。消费者体验是"以人为本"的重要体现，在做选题时，只有重视人，即消费者、粉丝等潜在买货人群，才能得到他们的关注。

那么，文案创作者怎样才能做好选题内容中越来越重要的消费者体验呢？

1.遵循两个策划方向

增强消费者体验感的两个策划方向：

（1）有用

文案创作者创造产品的目的是让产品满足消费者的需求，简单来说就是有用，只有满足消费者需求的产品才有买卖的价值。例如：

弹弹弹，弹走鱼尾纹。——丸美

丸美的这则广告文案刚好向消费者展示了产品的用途——弹走鱼尾纹，增强了文案选题的体验感。

（2）友好

在消费者体验中，让消费者感觉到你释放出的善意是非常重要的。居心叵测、傲慢无礼等负面情绪充斥的文案，无论视觉、文字、效果等做得再好，都难以抓住消费者的心。以百度联盟为例，在新成员加入百度联盟时，需要百度方审核，审核通过后会发送一个邮件：

原文案：

☒ 百度已经批准你加入百度联盟。

修改后：

☑ 祝贺你成为百度联盟的会员。

尽管只是一句话，但是通过前后对比，可以很明显地发现，修改后的"祝贺"明显比之前的"批准"更得人心。这就是注重消费者体验，释放友好的一个细节。

2. 替消费者表达

papi 酱是很多人都非常熟悉的短视频创作者，她的短视频之所以被人们喜爱，除了创意新颖、制作风格独特之外，更重要的就是替消费者表达出了心中所想。这也是为什么大家在看到 papi 酱的视频时常常发出"说得太对了""我也是这样想的"之类感慨的原因。

虽然 papi 酱的创意难以模仿，但她替消费者发声的选题创作思路却是文案创作者可以学习的。

在为"鱼跃医疗"的产品进行宣传时，papi 酱没有直白地介绍鱼跃品牌产品的功能有多么强大，而是以妈妈的"语言天赋"为出发点，用文案描述了天下的妈妈可能会说的话与做出的行动。例如：

孩子生病时，妈妈总会唠叨许多，但自己生病时却毫不在乎，这似乎是天下妈妈共同的特征。

通过生病这一事件，papi 酱将话题引入关爱父母、关心父母的身体健康上，然后推出了鱼跃医疗的产品。这样既通过共鸣感强的话题吸引了消费者的关注，又顺利"安利"了产品，可谓一举两得。

几乎所有人都渴望能够通过表达自己的想法来影响他人，但这不是所有人都能做到的事情。如果文案创作者在策划选题时可以像 papi 酱这样，代替人们表达出心中所想并且做到影响他人，增强消费者的选题体验感，就会让人们心甘情愿地点击、转发、分享选题文案。

2.1.3 内容"高度"适中

记得郭敬明在分享他的写作理论的时候，曾经说过一句话："好的文案选题，就是永远比用户高半格。"在爆款文案的写作中，这个道理也是一样。如果文案创作者所讲的选题太新、太陌生，就会让消费者在阅读的时候感到费劲；但如果讲的内容太过普通，消费者就会产生这种心理：这些我都知道呀，我还看你啰嗦干嘛？

由此可见，文案选题内容的"高度"要适中，既要做到不普通，又要比用户高出半格，即让消费者轻轻踮起脚尖就能够到。例如：

子夜，灯一盏一盏熄了／浓密的夜色淹没了初歇的灯火／万物俱眠／怎舍得未归的人／独自在黑夜赶路／且点上一盏灯／点上家的温暖与期待／让晚归的人儿／不觉孤独／飞利浦真柔灯泡／为晚归的人点上一盏温馨的灯——飞利浦真柔灯泡

就像上面这则文案一样，消费者既能感受到文案选题的文采与高度，又能将这些信息和自己大脑中已有的知识形成映射，于是就能在文案中迅

速获得阅读快感，乐于转发与分享。

"真金不怕红炉火，酒香不怕巷子深"，文案的选题质量好，即使"炉火淬炼""身处僻巷"，也能经得住市场的检验、得到人们的关注。因此，文案创作者要重视文案的选题，掌握以上介绍的三大特点，进而创造出爆款文案的选题。

2.2　步骤篇：文案选题构思的四大步骤

文案的选题策划是一个长线的构思过程，其构思过程主要由四大部分共同组成——筛选、立意、破题与选材。下面就和大家一起聊聊这四大步骤应该如何具体进行。

2.2.1　步骤一：根据消费者画像，筛选热门话题

互联网上的热点话题千千万，但不是所有的话题都是文案创作者可以运用的。文案创作者需要根据平台聚焦的领域，结合当下自身的消费者画像，来对热门话题进行筛选。

换言之，大家初步筛选的热门话题，一定要和自己的定位相符。比如"深夜徐老师"不会带着上百万少男少女学习企业经营之道，"36氪"也不会在头条上分析什么是一见钟情。

因此，文案创作者在筛选热门话题的时候，首先要对自己的消费者进行深入了解，比如通过后台数据来了解粉丝的特点、来源、人群分布、年龄分布等；或者主动和消费者建立联系，跟消费者聊天，了解他们的喜好；还可以画出消费者的成长路径，如下图所示：

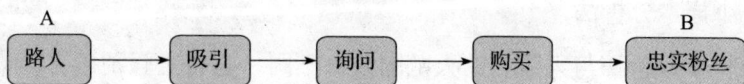

图 2-2　消费者的成长路径

图中，消费者从 A 到 B 点的过程中，会面临种种困难和门槛，而这些刚好就是你所筛选的话题的依据。比如什么样的话题能够吸引消费者、什么样的话题能解决消费者的疑惑，等等。

以百度外卖为例，其消费者画像主要集中于工作繁忙、压力大的白领人群。这类人群主要分布在一二线城市，普遍高学历、高收入。虽然这类人更加注重生活品质，但因为工作繁忙求而不得，只能订餐，并且可以接受互联网订餐的高消费。因此，他们是互联网外卖平台的高频消费者和高忠诚度消费者。

所以，百度外卖在筛选热点话题的时候，没有聚焦新闻热点，也没有额外标榜人生态度，仅用优美且情感充沛的话题来打动消费者，比如散伙饭、加班餐、酒局、街边摊、婚宴、一个人吃饭、团圆饭、一日三餐、生日宴……将食物本身的酸甜苦辣渗透进生活的五味杂陈里，弱化食物本身的味道，唤醒消费者"和谁吃""怎么吃"的回忆。也正是因为这些筛选过后的话题与大多数白领的日常重叠，因此让他们深有感触。

如果文案创作者无法通过自身业务线精准描绘消费者画像，可以通过以下方法来实现精准描绘：

1. 大数据分析法

在"互联网＋"时代，利用后台进行大数据分析的方法可以帮助文案创作者了解消费者的相关数据，比如消费者属性分析、分享爱好、增长量、增长率等。

其中消费者属性分析包括性别、语言、省份、城市等内容，通过对这些内容进行分析，文案创作者可以进一步分析出消费者的消费水平、支付能力等，进而提高消费者画像的精准性。

2. 小样本分析法

小样本分析法与大数据的大范围分析不同，它着重强调语言环境，例如，文案创作者可以通过消息、留言、微信、微信群、QQ 号、QQ 群的小范围语言聊天等获取小样本，对小样本进行分析，可以准确收集某一个消费者的具体标签。

这些具体标签收集多了，便可以分门别类，进一步整理出某一类消费者的画像。

3. 抽样调查分析法

文案创作者看到抽样调查分析法时，可能会觉得比较陌生。实际上，这是能够帮助文案创作者描绘消费者画像的重要方法。例如，通过在某一篇文章中设置投票、随机发送调查问卷、举办线上线下交流活动等，调查消费者对该产品的兴趣、需求和看法等。

文案"加油站"

以上列举的方法，文案创作者可以单独使用，也可以综合使用，通过多方面的信息整合，结合自身定位和需求，自然可以描绘出更准确的消费者画像。描绘出消费者画像之后，文案创作者要尽可能筛选其中消费者基数大的话题。消费者基数越大，话题受关注的程度越高，成为爆款文案的可能性就越大。

2.2.2 步骤二：学会正确立意，确立选题价值点

筛选完热点话题之后，文案创作者需要静下心来思考如何立意，即选题要表达什么、传播什么。

在立意的过程中，文案创作者要有道德底线，不能为了制造"噱头"而去立意，否则，策划出来的文案选题就会违背商业道德，引来大众的质问。

例如，2015 年，优衣库试衣间事件登上热搜，很多文案创作者第一时间争先恐后地出来抢占先机，纷纷借机晒出自家的试衣间有多宽敞、高档……最终演变成一场商业道德的审问。

俗话说"知人者智，自知者明"，选题立意之后要有一个自查、自检的过程。当你做了一个立意之后，想知道这个立意是否得体，那么建议你先问自己两个问题：第一，不这样立意我会不会后悔？第二，这个选题写出来后，能带给读者怎样的收获？

当大家慎重思考完自己的立意方向后，那么选题构思的过程就已经完成了一半。

2.2.3　步骤三：破题切入，实现选题差异化

在选题构思的过程中，"破题切入"是最难的一个步骤，因为它最考验作者的思考力，即要求文案创作者把选题的独特一面介绍给更多的人，避免同质化。

事实上，"破题切入"其实就是文案创作者在构想表达中寻找不同，在这里，给大家列举了一些差异化的切入方式：

1. 从小视角做大文章

在一个优秀的文案创作者眼中，万事万物都可以成为他的写作对象。如果大家能够放慢脚步，学会发现生活中的那些令你触动的、惊讶的、欣喜的、愤怒的"刺"，那么看起来很小的"刺"，都将会变成写作的源泉。例如：

《偷偷告诉你！我临欧楷时的一些小细节》

《细说文案人的江湖，以及文案门派间的鄙视链》

一些看似不起眼的小角度，其中也蕴含了很多内容。因此，文案创作者不要成为一个对什么都无所谓，或者觉得什么都不值得去写的人。大家要成为一个有态度的写作人，对这个世界的方方面面都要有自己的看法和意见，这样才能够从小视角做出大文章。

2. 用不同利益主体的眼睛看待问题

其实这种切入方式就是在制造消费者的身份认同感，不同标签的消费

者群体所期待的内容是不同的。如果文案创作者在做选题时，能用不同利益主体的眼睛去看待问题，那么做出来的选题就会带给消费者这样一种感受：有人跟我一起，有人跟我一样，我不是孤身一人，从而起到链接消费者的作用。例如：

《猫这种东西，一旦吸上，就戒不了了》

《美术老师，你为什么不给我加课》

2.2.4　步骤四：选取素材，填充选题内容

前面三个步骤完成之后，剩下的工作就是为你的选题"添砖加瓦"。这里的"素材"不仅指文字信息，还包括音频、视频、图片等一切可以让文案内容变得更加丰满的信息。

虽然，找素材看起来只是一个简单机械的鼠标动作，但它是练就文案创作者基本功的重要部分。有时候，你所找的素材的好坏，会直接影响你文案的质量，因此，看似简单的一个环节，也不应忽视。

事实上，选取素材也需要依靠大脑的快速运转。因为，一个高效的信息选取过程是大脑根据已储备的信息，将所要寻找的素材范围划分出来，再利用工具调取相关信息。因此，在选取素材的过程中，文案创作者不能毫无目的地去"下网捕鱼"，这样效率会非常低下。

总而言之，"筛选"过程能够帮文案创作者确立话题范围，"立意"过程能确立价值点，"破题"能确立形式差异化的展现，"选材"能确立所填充的内容。这四大文案选题的步骤，你学会了吗？

2.3　策略篇：文案选题策划的四大策略

很多文案创作者在做选题策划时，常常形容自己"愁得头都秃了"，形象地道出选题策划的不容易。经常熬夜查资料，时时刻刻都在寻灵感是

文案创作者的常态。其实找选题说难也难，说容易也容易，以下是比较实用的四个找选题的策略，可供各位文案创作者借鉴。

2.3.1　换位思考，挖掘需求

不知你在做选题策划的时候，是否会有这样的感受：总是禁锢在某个思考圈内，思维不能发散出去。这种现象，就是文案创作者常说的"当局者迷"。有时候，文案创作者需要跳出自己的惯性思维，学会换位思考，站在消费者的角度来思考选题，即把自己当作消费者来论证这个选题是否可行。

这个方法，能帮助文案创作者很快地找出人群的共性需求。比如，如果你要写企业方面的选题，那么你就要思考这些类型的问题：

什么样的团队管理会提升企业效率？

怎样提升员工的积极性？

什么项目更容易拿到融资？

企业的股权怎么分配？

企业未来面临的经济趋势有哪些？

……

当你把自己当作企业的管理者时，你可以无穷无尽地去想，你的任何一个需求，都有可能是一个好的选题。

2.3.2　日常积累，建立选题库

一个好选题诞生的背后，离不开文案创作者的日常积累。这其实与对新闻记者素养的要求有些相同，要想写出出彩的文案选题，那就必须要有一个敏感的"新闻鼻"，随时随地去"嗅"身边的人和事。

比如，文案创作者可以从每天阅读的书、文章和热门社区入手，看到合适的内容就可以放进自己的选题库中。在这里，给大家介绍一个非常实

用的小工具，叫作"美物清单"。这款 APP 是一款超级收藏夹，你只需要把网址复制后打开"美物清单"，它就能帮你自动收藏文档，并且可以整理分类，同时你所收藏的好文还能以语音的形式播放出来。

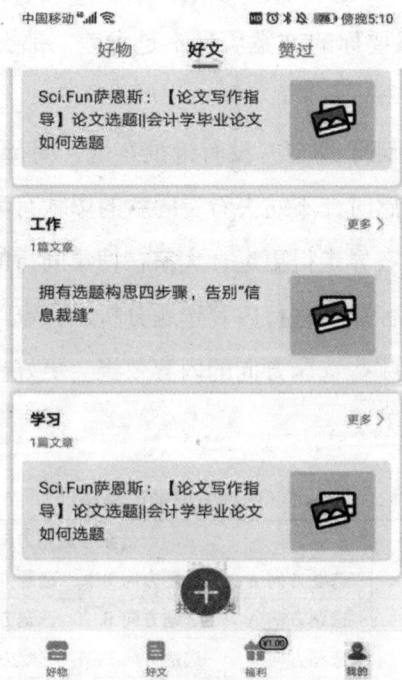

图 2-3　"美物清单"的界面

2.3.3　紧跟同行，借鉴爆款

俗话说："前人种树，后人乘凉。"在文案创作界也是一样，很多路，同行已经为你铺好了，很多坑，同行已经替你陷过了。如果你能紧跟同行，借鉴爆款，那么文案的爆款选题就会来得更快一些。

例如，"六神磊磊"曾经有一篇爆款文章叫作：

《金庸、古龙、鲁迅会怎么写爸爸去哪儿》

那么，你就可以借鉴它的手法，写一个：

《马云、任正非、李嘉诚会怎么做公众号》

或许有些文案创作者会有这样的担忧：这个选题别人已经写过了，我再去写的话会不会有点重复。其实这个方面的问题是不用担心的，毕竟很多选题都是"月经式"需求，隔一段时间就会爆发一次。并且，被同行验证过的火爆选题，只要你的文案质量不是太差，那么阅读量还是比较可观的。

这种策略正好验证了那句"没有枪没有炮，同行来给我们造"，当大家没有策划选题的灵感时，不妨去看看同款的爆款有哪些。

不过，要想在文案界走得更远，大家在搜集同行的爆款之后，需要对这些经常出爆款的目标账号进行内容选题分析。大家可以先长期观察其内容的发布，并且分析哪些选题方向的内容效果会更好，用表格做一个汇总统计：

表 2-1　选题方向的汇总统计

账号	用户重合度	公众号选题方向			
账号 1	高	选题方向 A	选题方向 B	选题方向 C	选题方向 D
账号 2	中	选题方向 A	选题方向 B	选题方向 C	选题方向 D
账号 3	低	选题方向 A	选题方向 B	选题方向 C	选题方向 D
……	……	……	……	……	……

2.3.4　开选题会，集思广益

众人拾柴火焰高，对于文案创作者而言，通过部门选题讨论会来寻找灵感是一种非常有效的策略。那么，怎样才能开好文案的选题会呢？在这里给大家推荐的一种方法叫作"头脑风暴法"。

所谓"头脑风暴法"，就是不借助任何工具、仅仅依靠大脑的自由联想来寻找创意的一种方法。一般情况下，集体进行头脑风暴寻找文案选题是一种非常有效的方法，其主要流程如下图所示：

提前思考

找尽可能
多的角色
参与

确定核心问题　　参与者畅所欲言　　分维度分析
参与者的想法

图 2-4　头脑风暴法的流程

第一步中的核心问题就是文案选题的中心议题；第二步中需要注意的是，参与头脑风暴会的人数规模最好在 8 ～ 12 人，讨论时间控制在 20 ～ 50 分钟，这样获得的讨论效果是最佳的；在第三步中，不需要太多的条条框框，参与者要放松自我，不同角度、层面的想法都可以提出来；第四步就是将参与者的想法和创意有条理地进行归纳和整理，然后对其进行选择和分析。

在第二步和第三步中间，需要一个缓冲期，就是每个参与头脑风暴会的人员，需要提前思考相关核心问题，先在心中拟定几个点子，再在会上畅所欲言，进行论证，这样会让选题会的质量与效率更高一些。

总之，文案创作者通过"头脑风暴法"来找文案选题，得到的选题范围会更广，效率会更高。

文案"加油站"

选题会的会议原则：

1.禁止批评和评论，对任何人提出的观点都不能批判和否定。

2.与会人员一律平等，各种想法应全部记录下来。

3.主张独立思考，不允许私下交谈。

4.不强调个人成绩，应以小组整体利益为重。

2.4 渠道篇：文案选题的渠道来源

前面讲到，文案创作者要学会日常积累，建立自己的选题库，那么，到底有哪些渠道的资源供文案创作者去搜集呢？在这里给大家列举了一些实用渠道，主要分为以下两个层次：

2.4.1 热门渠道

一般情况下，好的热点话题都会在相关网站榜单上展现出来，比如微博热搜榜、百度指数、网易新闻排行等。

以上列举的这些渠道，往往是热点话题的发源地，并且这些渠道都是数据榜单的形式，因此，你可以不用像刷朋友圈一样从头往下刷，而浏览一下热搜榜单即可。

除了这些数据榜单，还有一些其他的话题渠道：

1. 新媒体人

互联网上一些优秀的新媒体人就像是"意见领袖"，只要有一点儿风吹草动，他们都能迅速做出反应。所以，文案创作者可以多结识这种类型的朋友，多看看他们所写的文章与朋友圈，说不定就能找到爆款选题。

2. 微信公众号

相较于其他内容平台，微信公众号应该是目前高质量文案产出最多的，这主要是因为：大部分公众号只有一次推送机会，所以文案的发布者会更加谨慎、珍惜，推送出来的文案质量也会更高。

3. 知乎

知乎内容平台的最大优势是，里面有很多专业人士入驻，因此所发表话题的角度会比较新颖、专业，内容质量较高。

4. 简书

简书应该是大多数新媒体人的常用渠道，它是专门定位于作者的一款写作软件，因此会有大量的写作话题供文案创作者参考。但需要注意的是，由于简书的入驻门槛较低，因此，有些内容会良莠不齐，文案创作者还需多加筛选。

5. 音频课程

与互联网上资源不同，线上音频课是有版权保护的。因此，其选题资源的稀缺性较强，并且和纸质书相比，线上音频课程时效性很强，它能紧随潮流来做课程选题。

2.4.2　冷门渠道

除了以上这些热门的渠道，还有一些冷门的搜索工具推荐给大家：

1. 爱微帮每日热点

图 2-5　爱微帮每日热点界面

相较于一些传统的热搜渠道，爱微帮每日热点会对每个营销事件作详细的分类与整合，能让文案创作者更加直观地去查找自己想要的热点话题。

2. 壹伴热点中心

这个工具需要下载插件才能使用，其中的热点话题整合了搜狗微信、头条指数、微博热搜、百度指数、知乎精选等主流平台的资源。

3. 新媒体管家营销日历

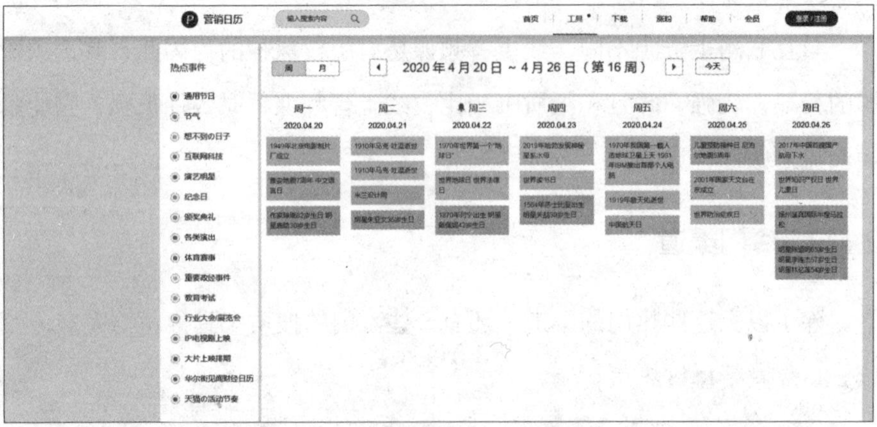

图 2-6　新媒体管家营销日历界面

在这个界面，即便是"游客"（没有登录与注册），也能够快速浏览全年营销事件，并且可以进行日期收藏、分类筛选、日历指定等操作。

当热点发生时，这些渠道上的集体讨论本身就是一场思维碰撞的好戏，如果文案创作者能从中观察、分析、思考，那么一定能够找到一些合适的文案选题。需要注意的是，在搜索选题的过程中，文案创作者要有耐心，毕竟搜索本来就是一件十分无趣的事情。

记得"大象公会"曾经有个作者叫作南戈北碱斯基，为了策划选题，这位作者收藏了 141 个网站，还花钱购买了 6 本电子书，并且成为了《纽约时报》的付费用户，甚至让他的朋友用耶鲁账号帮他查找《真理报》20世纪 20 年代以来的全文数据库。最后写出了一篇爆款文案选题：

《〈红婴粟〉照耀中国》

这就是文案创作者的"工匠精神"，只有动用了足够精力的选题才能真正打动人。

文案"加油站"

不管是热门渠道还是冷门渠道，只要是能帮助你搜集到好选题的渠道就是好渠道。因此，文案创作者要走在互联网的前端，关注优秀的渠道和资源，这样才能与时俱进，不被淘汰。

第 3 章
打造吸睛标题，点击量暴涨

标题是文案的"眼球聚集器"，是文案写作的关键节点。一个好的标题有很强的标杆效应，它能够准确地凝聚文案思想、表达文案主题、奠定文案基调，从而迅速地吸引消费者。作为文案创作者，要想写出点击量 10W+ 的爆款文案，首先就要学会打造一个亮眼的好标题。

3.1 提升标题点击量的三大秘诀

一个出彩的文案标题，不仅能够提升文案的吸引力，还可以在一定程度上加深消费者对产品的印象，有利于产品品牌与消费者建立更深层次的联系。

那么，如何才能打造一个出彩的好标题，提升文案点击量呢？这里有三大秘诀供大家参考，如下图所示。

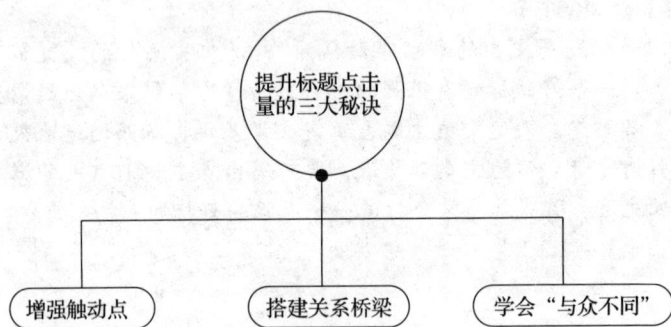

图 3-1　提升标题点击量的三大秘诀

3.1.1 增强触动点

俗话说"人要脸，树要皮"，标题就是文案的门面，是文案给人的第一印象。

大卫·奥格威曾在他的《一个广告人的自白》中写道："标题在大部分广告中，是重要的元素，它能够决定读者到底会不会看这则广告，一般来说，读标题的人比读内文的人多出 4 倍。"

由此可以看出，从广告时代开始，标题就是文案最具价值的要素，那些被人们记住最多的，也都是些经典的标题，例如：

《再不疯狂，我们就老了！》

《国际著名影星的护肤秘密》——力士香皂

《这是一个一心一意戴着帽子吃凯洛格玉蜀黍片的年轻人》——凯洛格玉蜀黍片文案标题

从这三个标题中不难发现，它们都在某一层面上触动着消费者的"点"。比如，第一个标题抓住了年轻消费者的心理，增加了时间元素，给消费者带来了时间层面上的触动；第二个标题触动了消费者"爱美"的点；第三个则用一个故事形式的描述触动了消费者的"好奇"点。

由此可见，好的文案标题，总是能用短短一句话触动消费者的心。因此，文案创作者要想写出点击过万的文案标题，就需要学会抓住消费者的心理，从各种角度出发，增强标题的触动点，从而让消费者产生一种无法拒绝、非读不可的紧迫感。

3.1.2　搭建关系桥梁

好的文案标题通常能引起消费者的共鸣，让消费者觉得自己与这篇文案是相关的，例如：

《开新车，裸车 5 万元起！》

这个标题中的"开"这个动词，拉近了与消费者之间的距离。以至于消费者一看到这个标题，就知道这是写给他们看的。因此，他们也会想看看自己可以买的 5 万元的裸车到底是什么样的。

在利用文案搭建关系桥梁的时候，文案创作者需要明确消费者与本品类的关系，即目标人群的购买力。

如果一个人从来没有购买过本品类的产品，可能文案创作者要费很大的力气才能让他们成为自己的潜在消费人群，所以你的文案不如一切从简，做成干货类文案，重在告知这类人群你的产品是什么样的，有什么功能，可以满足他们什么需求，让他们对产品有大概的了解与印象，如果他们需要此类产品时，自然可以想起你的产品。

如果是针对经常购买本品类产品的人群，文案创作者的文案就要体现出与众不同的卖点与风格，让你的产品可以在同类产品中脱颖而出。

文案"加油站"

除了巧用动词，文案创作者还可以适当运用一些"我们""我和你""你们"这样的词语来搭建关系桥梁。

3.1.3　学会"与众不同"

标题的"与众不同"说的就是标题既要标新立异又要不落俗套，要用全新的方式去诠释旧的事物，而不是采用千篇一律的俗套方式。

为了帮助大家更好地理解这一点，先来看一组案例。

原标题：

☒×××护肤套装，8折优惠。

修改后：

☑为什么明星都是牛奶肌？

在修改前的标题中，打折的产品价格虽优惠，但它却缺乏一个让女人购买的动力。要知道女性对美的追求是永恒的，她们时刻关注着能让自己变美的产品，所以在激发消费者的购买欲方面，打折相比于美丽而言稍为逊色。显然，修改后的标题就深谙这一点，所以它没有强调降价，而是在强调能让人变美，自然地，相比于修改前的标题，它能更好地促进销售。

从以上两组标题对比中可以看出，当文案创作者在标题中加入了一些特别的元素，让它变得标新立异又不落俗套的时候，它往往就会更具有吸引力。而这也是文案创作者在拟定文案标题时可以参考的方法之一。

"人靠衣装马靠鞍"，标题是文案的第一说服力。如果你还在为自己的文案阅读量发愁，那么不妨试试这"三大秘诀"。如果你能化"腐朽"为

"神奇"，那么相信你离 10W+ 的文案又更近一步！

3.2 爆款标题的写作"套路"

写出爆款标题对于很多文案创作者而言，并不是一件容易的事情。之所以不容易，究其原因，还是在于他们没有掌握核心的写作"套路"。

一个好标题的写作"套路"通常为：

一个"心" + 三个原则 + 五个技巧。

那么，这三个东西到底是什么呢？不妨一起来了解一下。

3.2.1 一个"心"

这里的"心"，指的是引发读者的好奇心。

俗话说："好奇，是一种天性，是一种自然，是真情实感的火花。"每个人都对未知的世界充满着好奇心，会因为好奇心而引发行动。

好标题就像好书名，会唤起人的好奇心，人们会因好奇心打开书本，同样地，他们也会因好标题而点开文案内容。先来看同一篇文案的两个不同标题：

《酸酸甜甜的苹果，你值得拥有》

《除了酸，它还甜》

这两个标题，哪个看了更想让人点呢？明显是后者。后者用人称代词"它"来表示苹果，会让消费者读了标题后，产生好奇：到底是什么又酸又甜呢？于是，人们就会出于好奇心，点进文案。

因此，爆款标题写作的"套路"一，就是文案创作者要把握好一个"心"——消费者的好奇心。现实生活中，到处都有引发人们好奇心的"种子"，比如娱乐八卦、政治经济、婚姻情感、文化科技，等等。

文案"加油站"

为了寻找引发人们好奇心的"种子",文案创作者可以上微博热搜和今日头条等新媒体平台搜寻相关热点,并通过这些热点来打造具有吸引力的标题。

文案创作者可以站在消费者的角度,去感受自己所写的标题是否能够勾起自己的好奇心,如果连自己都感受不到新奇,那么说明你所写的标题是失败的。

3.2.2 三个原则

古人云:"没有规矩,不成方圆。"这句话对于文案创作者而言同样适用:标题写作也具有相应的原则。

归纳起来,爆款文案标题的写作原则主要体现在以下三个方面:

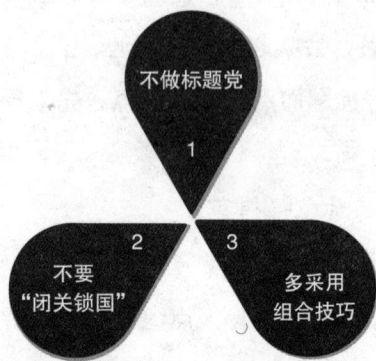

图 3-2 爆款文案标题写作的三个原则

1.不做标题党

在新媒体平台上,有很多文案标题都是"挂羊头卖狗肉"。从文案创作者的职业角度来说,这种做法是对读者的欺骗与伤害。没有人会喜欢自己被骗,倘若你是读者,如果你因为一个文案的标题而点进一篇文案，却发现这篇文案不是自己想要的内容，你会不会感到失望与愤怒呢？

虽然在前文中我们强调文案创作者要保持一颗"好奇心"，但不能为了吸引读者的好奇心而写一些与文案内容关联不大的标题，否则将会适得其反。

2. 不要"闭关锁国"

俗话说："旁观者清，当局者迷。"有时候你喜欢的其他人并不一定会喜欢，文案创作者不能"闭关锁国"，只用自己的眼光来看待自己的标题。

一个好的标题的要求是：多数人看了都想接着往下看。这是因为每个人看待问题的角度是不同的，如果一个标题能够引起广泛的共鸣，那么它就是成功的。

因此，文案创作者写好了标题之后，可以多问问别人的意见。倘若大部分人对你的标题没感觉，那么你需要重新思考一下问题出在哪里；倘若大部分人感觉不错，那你可以考虑用一用。

3. 多采用组合技巧

三国时期的孙权曾说过："能用众力，则无敌于天下矣；能用众智，则无畏于圣人矣。"在自媒体"泛滥"的时代，拥有组合技巧的标题才足够吸引人。因此，文案创作者要多采用组合技巧，用更有效的方法，让目标人群阅读你的文案。

那么，标题写作的技巧有哪些呢？这也是接下来要介绍的主要内容。

3.2.3　五个技巧

归纳起来，爆款标题的写作技巧无外乎有以下 5 点：

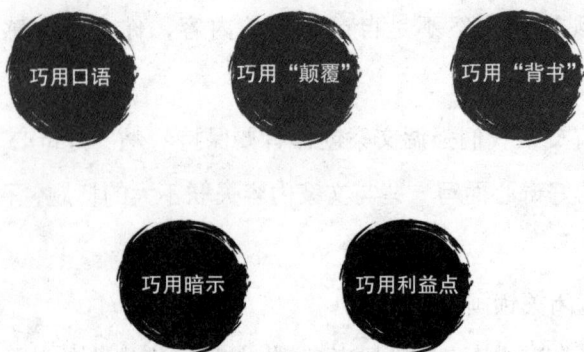

图 3-3　打造爆款标题的五个技巧

1. 巧用口语

口语化的标题通常都比较接地气，轻松随意的语气能够拉近与客户之间的距离，比如：

《行李箱再大，也装不下一个家》

《不怕你了解，就怕你不了解》

这些标题使用的语气和词汇都是大家平时经常随口说的话，因此，在众多文案标题中显得格外亲切。

2. 巧用"颠覆"

生活中那些约定俗成的真理有时候也经不住"追问"和"分析"，你可以随时对生活中的真理保持"警惕"，追问一句"为什么"，那么你的标题可能会引起那些深受真理影响客户的注意力，比如：

《长大以后麻烦会变少吗？会变多！》

《原来它还有这种功能！》

这些颠覆的逆反型的标题通常不按常理出牌，往往会比较新奇，很容易抓住客户的眼球。

3. 巧用"背书"

现实社会中，有很多知名品牌、人物、故事、企业、城市等都是背书的好对象，具有天然的高关注度，比如：

《马云"退位"背后，隐藏了什么真相？》

众所周知，马云是个全球名人，因此，这句标题在一定程度上给了读者一种"未见其人，先闻其名"的分量感，对马云感兴趣的读者就会点击标题一探究竟。

4. 巧用暗示

俄国心理学家巴甫洛夫认为："暗示是人类最简化、最典型的条件反射。"有很多广告主利用这种条件反射来对消费者进行暗示营销。即将产品信息潜移默化地植入到消费者的大脑中，当消费者处于某个特定场景时，其潜意识里就会不自觉地联想到你的品牌或者产品。例如：

《饿了吧，来根士力架》

当消费者在生活中感到饿的时候，就会不自觉地想到"士力架"这款零食，如果周围商店有卖的，那么消费者会大概率购买这款零食。

5. 巧用利益点

生活中有些爆款标题会向消费者传达这样一种强烈的信号：点开这个标题，你将会得到很多。例如：

《想用文案引爆微信朋友圈，你可以这么做……》

这种让读者快速感知自己能获得什么的标题，能够很好地戳中消费者的利益点，从而引导消费者点开文案。

总之，要想写出一个好的标题，其实也不是很难，只要大家掌握上文中所介绍的一个"心"＋三个原则＋五个技巧，相信大家写出来的文案标题一定会有突破式的进步。

3.3　玩转符号，增强标题吸引力

文案标题对于消费者的吸引力，常常来源于逗号、感叹号、问号、省略号这四种简单的符号。这些符号能很大程度上提升消费者的好奇心和想象力，因此受到各大自媒体创作人的青睐。

应该说，在文案创作的过程中，每个符号都扮演着独特的作用，都是文案标题创作至关重要的一环。

下面，就一起来学习一下如何利用四种不同的符号，达到理想的标题效果。

3.3.1 逗号：营造高级感

提升文案高级感的秘诀在于——擅用"逗号"。

作为文案创作界的标杆，苹果公司总能将这一技巧发挥到极致：其文案标题往往会把平凡的句子，利用逗号巧妙隔开，例如：

《一触，即发》

一个普通的逗号就让它不再是个单调的成语而已，其产品的高性能、流畅度，像鲜活的画面一般勾勒在消费者的脑海里。它与常见的新闻标题相比，增添了画面感和趣味性，这也是为什么苹果公司的文案总能吸引大众的眼球，广受好评的重要原因。

不知从何时开始，苹果的发布会成为了文案创作者的狂欢夜，只要苹果文案一出，各个自媒体都跟风而上，并将苹果文案与"高端"等词联系起来。而在苹果的文案中，逗号发挥了重要作用。例如，iPhone7 的文案：

《7，在此》

《两个镜头，一拍，即合》

《新款摄像头，就此亮相》

如果没有逗号，"7 在此"无法成为一句话，让客户一头雾水。"一拍，即合"如果没有逗号，那么会变得毫无新意，加上逗号能够表现两个镜头配合的便捷性，还能在客户脑海中勾勒出拍照的场景。"新款摄像头，就此亮相"，如果没有逗号，甚至与新闻标题无异。

从苹果的文案可以看出，逗号可以提升文案的趣味性，避免文案出现死板严肃、可读性差的状况。还可以在整体上提升文案的质感，提升文案的魅力，吸引客户的目光。

当你在创作文案时，也可以适当地使用逗号，让原本平淡无奇的文案重新焕发出活力。当然，在文案中任何符号都切忌使用过多，如果为了使用符号而使用符号，便无法得到客户的青睐。

3.3.2　感叹号：抓人眼球

"震惊！"

这是文案创作者在 2017—2018 年经常会看到的文案标题，UC 的"震惊体"一度席卷了各大网络媒体平台，其强烈而丰富的语言色彩，总能在第一时间吸引人们的注意力，就连央视媒体也火速效仿，各类"注意！""警惕！""惊呆！"出现在文案标题中，赚足了眼球和阅读量。

由此可见，感叹号的运用，是文案中不可或缺的重要部分。

一篇阅读量高的文案，一定也有一个抓人眼球的标题。

一起先来看看销售类标题里的反面教材：

《新毛衣，新搭配》

这样的陈述语句实在太过平淡，难以勾起消费者的兴趣。

想要让人眼前一亮，必须增添文字的情感色彩，例如：

《1 件毛衣 =34 套搭配！第六套美爆了！》

利用感叹号第一时间吸引读者的注意力，让人迅速抓取自己想要的有效信息，了解到这款商品的功能性和适用性，大大提升了吸引力。

感叹号的运用在文案标题创作中必不可少绝非空谈，据 Venngage 统计显示，感叹号所产生的"震惊"效果与文案点击率之间存在 79% 的关联性。

不过，即使感叹号能带来如此之高的收益，也切忌胡乱使用，必须根据文案的实际情况，选择最佳的表达方式，否则将大大降低消费者对文案和产品的信任度和关注度。

3.3.3 问号：好奇心的"敲门砖"

"问号"所表达的语境常有不同，但它在标题中一般起到了勾起好奇心、满足求知欲和阐述文案内容的作用。

"问号"所带来的设问语句，通常能说出人们心中所想，为消费者答疑解惑。这样文案创作者就能通过自问自答的方式，把想要传达的内容表述出来。

有一个万能的疑问式标题公式三要素可供参考：

"谁" ＋ "怎么做" ＋ "可以从中得到的好处"

只要按照这个模式，就能创作出引人入胜的标题，大大提高点击率。

举一个简单的例子，健身类产品的文案标题该如何来拟？

《女人如何拥有魅力身材？来××健身》

这个标题中的万能三要素是，"谁"："女人"，"怎么做"："来××健身"，"可以得到的好处"："获得魅力身材"。

通过这种设问的方式，分三个步骤引起读者好奇心，再给出解决方案，就能提升消费者的认同感。

"问号"还能在标题中起到留下悬念的作用，仅在标题中提出问题，想要得到答案必须点开文案阅读其中的内容，这就大大提高了阅读量，比如我们常能看到以下这类标题：

《考研上岸的人都用黄皮书吗？》

需要注意的是，文案标题的创作，要从消费者的需求和喜好出发，用简单的文字阐明产品的优势和特征。例如要推销一款"保温杯"时，其标题无非就是围绕杯子的外观和性能展开，放大某一个与众不同的特质，抓住消费者的眼球。

3.3.4　省略号：激发消费者的探究欲

一个好的标题总能给人留下无限的想象空间，激发人内心的猎奇心理，让人产生一探究竟的欲望，而想要达到这种效果，"省略号"就成了不二法门。

比如，想要推销洗护产品，可以这样拟标题：

《用了它，头皮不痒了，头发还……》

这样的标题会让急需解决头皮痒、脱发等问题的人点开文案寻找解决方案。通过这种"说话只说一半"的方式，激发消费者的探究欲，使之更加主动地去了解产品。

再比如人们常关注的应届生找工作问题，可以这样拟标题：

《这个专业应届生年薪涨到 80 万，根本原因是……》

这个标题的前半部分已经非常吸引人，再用省略号留下悬念，让读者带着疑惑点开文案寻找答案，大幅提高了阅读量。

文案标题里的省略号，总是先吊起人的胃口，最终欲言又止，让人心痒难耐。将大众关心的话题留在标题里作为重要线索，再用省略号替代答案，消费者就会像侦探一样，主动点开文案去寻找结果。带有"神秘感"和"趣味性"的文案标题是省略号独有的魅力。

但它的使用也与以上所提到的"逗号"和"问号"相同，不宜生搬硬套，强行加入，而与适当的词句搭配就会产生意想不到的效果。

总之，在形形色色的文案标题中，要想脱颖而出、独树一帜，文案创作者就需要玩转这四种符号，从而让消费者眼前一亮，印象深刻。

3.4 巧用文学修辞，打造标题金句

标题金句往往起到一个"画龙点睛"的作用，就算客户看完你的文案后记不住所有的内容，但是这个金句可能会深刻地记在他的脑海中。想要提炼好的标题金句，你可以充分发挥修辞手法的效用。

3.4.1 比喻：促进理解

比喻，就是"通过不同事物之间某些类似的地方，借一事物来说明另一事物"，有明喻、暗喻和借喻三种类型。

图 3-4 比喻的三种类型

1. 明喻

所谓"明喻"，就是将具有某种共同特征的两种不同事物连接在一起的修辞手法，一般有比喻词连接，其表现形式为：×××像×××。目前，明喻的表现手法已经很少被采用了，但文案创作者也可以尝试一下这种修辞手法。

2. 暗喻

暗喻中间的比喻词通常有"是""似""变成"等连接词，或者有时不

用比喻词，例如：

《刹那间，楚河汉街变成了喧腾的大海》

这个案例把"楚河汉街"比喻成"喧腾的大海"，用"变成"来充当喻词，暗示"楚河汉街"热闹非凡。

3. 借喻

与明喻不同的是，借喻通常会用"喻体"直接替代"本体"，并且没有比喻词，例如：

《××丝袜，您的第二层肌肤》

这一比喻中并没有用到比喻词，将丝袜暗喻为"第二层肌肤"。如同肌肤一样的丝袜，一定质量很好，且颜色与肌肤很贴近，是一款优秀的"光腿神器"。这样的表达，不仅可以加深消费者的印象，还可以表达出产品相关信息，加深消费者对产品的认知程度。

3.4.2　拟人：拉近距离

在日常写作中，文案创作者除了经常采用比喻的修辞手法，也还会不自觉地用到"拟人"的修辞手法。所谓"拟人"，就是把事物人格化，赋予非生物体以人的特征。例如：

《慈母心，豆腐心》——中华豆腐

《朝生活卖萌，它就朝你笑》——某地产广告

这种修辞看起来和比喻有点相似，但其实又不一样，主要是将一个事物"人化"了，从而让客户更有代入感。

拟人式标题的常用词语也有很多，比如情感方面：温柔、慈祥、亲切、相亲相爱等；动作方面：站、跑、跳、走、蹲等。

文案创作者在创作拟人式标题时，要注意拟人的"主体"与"客体"之间一定要恰当自然，不能牵强附会、生拉硬扯，不然会让消费者感到生硬。因此，在创作拟人式的标题之前，文案创作者需要认真研究文案关键

词的特征，这样才能写出恰当的、亲切可爱的标题。

3.4.3　对偶：增强节奏感、表现力

对偶，又称"对仗"，是古语中常用的一种修辞手法。它指的是文案创作者把字数相近、结构相同或相似的两个句子或词组对称地排列在一起。这种修辞手法通常会让文案标题富有节奏感和表现力，例如：

《别人看历史，我们看未来》——《今周刊》

《情系中国结，联通四海心》——中国联通

《担四海风险，保九州平安》——中保人寿

采用对偶的标题，其音节整齐均匀、顿挫感强；内容凝练集中、概括力较强。

对偶又分为正对、反对和串对这三种。正对指的是上句和下句在意思上相近或者相似；反对则相反；串对又叫"流水对"，它的前后句子在意义上有连贯、因果、条件、转折等逻辑关系。

3.4.4　双关：提升艺术性

"双关"就是能够使语句同时关涉两种事物的修辞手法，其又被分为"语义双关"和"语音双关"。

1. 语义双关

语义双关指的是文案创作者利用汉语的多义性，让读者对词语产生两种不同的理解，从而表现出特定的内容，例如：

《如果没有联想，世界将会怎样？》——联想

《把"乐"带回家》——乐事薯片

第一句话既指联想这个品牌，也指人们的"联想思维"；第二句话既指"乐事"这个品牌，又指"快乐"。

2. 语音双关

语音双关，就是利用音同和音近，有意使语句具有双重意义，例如：

《聪明的妈妈会用锌（心）》——三精牌补锌口服液

这里的"锌"和"心"是同音的，这样的双关手法传达给消费者这样一种意思：在用"锌"的同时又很用"心"，文案标题变得更有艺术性。

3.4.5　顶针：加深印象

顶针即前一句的最后一个字或者词就是下一句的开头，和"成语接龙"的原理相同。例如：

《今年过节不收礼，收礼只收脑白金》——脑白金

脑白金的文案标题火遍大江南北，几乎所有看过脑白金广告的人都能记住这句话。这种采用顶针修辞手法的标题，会让客户读起来朗朗上口，更加"洗脑"。

再例如：

《车到山前必有路，有路就有丰田车》——丰田汽车

《海尔冰箱，冰箱新形象》——海尔冰箱

在互联网时代，消费者对于文案标题的记忆时长是非常短的，因此，顶针的修辞手法对于文案创作者而言，是具有一定使用价值的。它能在一定程度上加深读者的印象，就像"抖音神曲"一样，前半句一出来，消费者便知道后半句是什么内容。

文案"加油站"

修辞手法是提升文案标题文采的方式之一，但是文案创作者不能过度依赖文学修辞，否则会适得其反。

3.5 控干"水分"，让标题短而有力

与过去"一字千金"的电报不同的是，文案的标题追求的目标，既要"短"，又要"有力"。"短"是指文字少，而"有力"则是指文案标题要能触动消费者的内心。因此，文案创作者要想打造出短而有力的文案标题，就需要精心打磨标题中的字与词，控干标题里的"水分"。

那么，怎样才能控干标题里的"水分"呢？

3.5.1 精准定位，用好关键词

不知在生活中，你是否会有这样的感受：喝牛奶会选择特仑苏；喝碳酸饮料会选择可口可乐；听音乐会选择网易云音乐；吃果冻会选择喜之郎……

这些存在于你头脑中的潜在意识，并不是你给产品定义的，而是因为这些产品的文案本身就用一些关键词，给自己做了精准定位。

例如，特仑苏给自己的定位是："不是所有的牛奶都叫特仑苏"，充分凸显出自己不同于其他牛奶的高品质。于是，当那些追求高品质的人想喝牛奶的时候，就会不自觉地想到特仑苏。

这就是文案标题精准定位的效果。

常言道："兵贵精不贵多！"一个优秀的文案标题就是一句能切中消费者诉求的话，它胜过千言万语的解说。因此，要想控干标题中的"水分"，文案创作者要做的第一步就是精准定位，用好标题中的关键词。

先来看几个案例：

《只有可口可乐才是真正的可乐》

《人人都想要的，诺基亚2100》

《放心——沃尔沃汽车已来到中国》

这三个文案标题，能清晰地展现其消费者的定位，例如第一个可口可

乐的标题定位了爱喝可乐的消费人群；第二个标题定位了使用诺基亚的人群；第三个标题定位了汽车的消费者。

　　所以，文案创作者在创作标题的时候，需要在标题中体现出自己的定位，用一些关键词来吸引消费者的关注。

文案"加油站"

　　提炼关键词，一般以"名词""动词"为主。有时候，一段文字是由几层意思构成的，那么此时查找关键词可以分层进行查找；表明时间、地名、人称、物称的词语往往是关键词；中心句中也含有关键词；重复次数较多的词语也是关键词。

3.5.2　学会"抽丝剥茧"

　　控干标题"水分"的第二步，就是学会"抽丝剥茧"。所谓"抽丝剥茧"，就是文案创作者剔除一些杂乱的信息，把最想传递给消费者的信息表达出来。

图 3-5　"抽丝剥茧"的三大做法

那么，具体的做法是怎样的呢？

1. 减掉一些不必要的文字

原标题：

☒春天到了，花园里的花都开了，×××花海基地的花美不胜收，快和朋友一起来赏花吧！

修改后：

☑ 春暖花开，×××花海基地，欢迎您的到来！

两个标题传达的意思是一样的，但是对比起来，修改后的标题比原标题更简练。

2. 删掉一切重复性的词语

原标题：

☒ 2020年新款白色潮流韩版百搭纯色连衣裙上架了！

修改后：

☑ 2020新款纯白连衣裙上架了！

这是一组标准的电商商品页标题，原标题如果作为产品标题也没有问题。但按照平台规则，尽可能多地使用相关关键词能提高产品被搜索到的几率。可是如果把原标题作为宣传用的文案标题，这段话连语句通顺都做不到，让人读起来感到"磕磕绊绊"。

所以，作为文案创作者，你需要把原标题中重复的词语进行删除优化，最终得出一句通顺的语句。

3. 保留关键词

原标题：

☒ 旅游让人心情愉悦，仅需4000元就能玩得痛快，包住宿2天3夜游三亚。

修改后：

☑ 4000元，2天3夜畅游三亚！

原标题的关键词是什么？旅游、4000元、2天3夜、三亚。提炼出关键词之后，把无关的修饰词、文字删掉，就如同本小段的标题一样——只保留关键词。

总之，文案创作者在写文案标题时，应该秉持这样的原则：以最小的成本得到最大的收益。你的文案标题，既要像电报一样简洁明了，也要使消费者看起来不生硬、读起来富有情感。所以，文案创作者要学会"点穴神功"，学会重点发力，挤干标题中的"水分"，这样才能一击即中。

3.6　提问式标题，激发消费者的好奇心

为了吸引消费者的好奇心，一些文案创作者会尝试去拟定提问式的标题，事实上，提问式的文案标题，确实能带来较高的阅读量。因此，本节将介绍提问式标题的写作技巧，来帮助大家提升文案标题的转化率。

3.6.1　为什么选择提问式文案标题？

文案标题的写作方式林林总总，和"故事型标题""强调性标题"等类型的标题比起来，提问式标题的优势就在于，它能够通过设问和提问的方式，最快最直接地激发读者的好奇心和探索的本能，让人们产生看下去的冲动。因为你想知道答案就只能看下去。

这也就是提问式文案在文案标题中被运用的次数最多的原因了。

因此，可以说只要完全掌握了"提问式标题"的写作技巧，文案创作者就不用担心在标题上再花费更多的时间了。

解决完了标题的类型问题，就到了文案创作者该怎样具体地写标题了，接下来给大家介绍 7 种常见的提问式标题的写作技巧。

3.6.2　提问式标题有哪些写作技巧？

提问式标题的 7 种写作技巧如下：

1	2	3	4	5	6	7
用数据来提问	代入权威	自问自答	情绪式提问	反差式提问	反向式提问	放大产品特点

图 3-6　提问式标题的 7 种写作技巧

1. 用数据来提问

《80% 的学生中考成绩都能达到 95 分？》

在一个陈述句的后面加上一个问号，用数字来制造悬念——在大多数学生考高分的背后到底是什么东西？以此来激发用户探索的欲望。这里先是用 80% 这样的一个大多数人来增加代入感，因为不论是学生还是家长都不希望自己或自己的孩子脱离"大部队"，紧接着是一个 95 分的高分放出来结合句尾的问号制造意外，让人思索到底是一个怎样的产品，能够达到这样的效果，以此来获取关注。

2. 代入权威

《孩子成绩上不去怎么办？看看高考状元怎么说》

这里首先是一个提问，将孩子成绩这个大人和孩子都关心的问题抛出来制造悬念，后面紧跟着出现的高考状元作为权威来解答这个问题，在用户中树立良好的形象。用高考状元这个身份来为产品背书，相信家长们也更愿意接受。

3. 自问自答

《孩子成绩上不去怎么办？看看高考状元怎么说》

同样还是上面的案例，但是在这里换一个角度来分析。这里的设问不仅制造了悬念，而且引起了家长的共鸣，担心孩子的成绩不理想是他们一个共同的心理状态，这个时候文案创作者给他们提供了一种解决问题的方法，以高考状元的回答为支撑。

4. 情绪式提问

《大家都在排队的时候，凭什么你能够快人一步？》

这是一个带情绪的句子，凭什么也是受众心理上的疑惑，这个疑惑一般是一种不正常的现象。排队是一种正常的现象，但是有人可以越过这个步骤，那么自然有人就会来一探究竟，通过展示用户心中的疑惑来吸引更多的关注。

5. 反差式提问

《14 岁辍学，29 岁身价过亿，这个 90 后女孩凭什么？》

这是网上一个介绍网红大 V 李子柒文章的标题，通过同一个人不同年龄段身份的反差来寻找话题，引发人们的关注和议论，吸引着人们来窥视这个 90 后女孩如何取得现在的成就。

6. 反向式提问

《为什么我天天洗脸，却还是这么油？》

这种表达方法之所以能够吸引用户，是因为它表达的和用户脑海中以往正常的认知，是背道而驰的。这句话的后半部分打破了用户的传统认知，抓住了一部分人群脸上喜欢出油的特性，激发了这部分人群的好奇心并锁定了核心用户。

7. 放大产品特点

《一个轮胎，究竟能走多少公里？》

这种表现手法放大了产品的特点，前半部分把产品描述得很普通，但是后半部分却着重把产品的优点放大，用这种反差的方式引起了消费者的思考，让消费者清晰地记住这款产品。

总的来说，运用提问式标题来写文案，主要的目的是最大化地提高受众的参与感和好奇心，从而吸引大众的目光。

因此这类写作手法必须从消费者的角度出发，了解他们想知道什么、需要什么。提出的问题若能和他们产生共鸣，自然会让目标客户感兴趣。

文案"加油站"

　　提问式文案标题的写作技巧,你学会了吗? 不妨"小试牛刀"吧!

第4章

"黄金结构"撰写正文：订单源源不断

一篇完整的文案主要包括开头、正文、结尾、配图四部分内容。其中，开头是文案的"第二标题"，正文是文案的"血肉"，结尾是文案的"临门一脚"，配图是文案的"视觉门面"，每一部分都必不可少。文案创作者只有全面掌握这四部分内容的相关写作技巧，才能让文案更加出彩。

4.1 写文案，如何写好开头

如果说好的标题是一块"敲门砖"，那么好的开头，就是一把"金钥匙"。在这个快节奏的时代，人们习惯迅速浏览信息，抓住自己所需的关键词。如果在开头就能引起读者的兴趣，让人产生"必欲读之而后快"的感觉，那么这篇文案也就成功一半了。

4.1.1 悬念式开头，抢占消费者注意力

文案的开头，就像一个人的外表，第一印象尤为重要。

一个人是否合眼缘，决定了大家要不要继续与他交往。那么一篇文案的开头是否勾起了大家的好奇心，就决定了要不要继续往下读。比如：

即使我现在写下这些话，我也是一个很抗拒电商直播的人。

这篇关于电商直播的文案，在一开头告诉大家，此时此刻的作者竟然拒绝电商直播。那为什么还要写这篇文案呢？后来改变想法了吗？何种原因促使他改变呢？有同样疑惑的人应该不少，为了寻找答案，就会继续看下去。

这样的开头就是"悬念式开头"，首先抛出一个问题，但不直接给出答案，再比如：

那些靠"睡后收入"到全世界旅居的年轻人，做对了什么？

当大多数人看到这句话时，一定会对文中提到的新名词"睡后收入"产生疑问，而"到全世界旅居"又是一件令人向往的事，自然而然就能吸引大批关注度，最后提出一个大家都想要知道的重点"做对了什么"。看到这里，读者就会主动地阅读文案，寻找答案。

因此，在开头就设下悬念，是"一秒钟"抓住读者眼球的必要手段。那么，文案创作者应该如何留悬念呢？

首先，文案创作者要把有趣的、能够吸引人的话题抛出去，让读者先尝到"一点甜头"，有了兴趣，再继续阅读正文，寻找更完整的内容。比如接下来这个案例：

☑ VW 车能浮起来。

如果你按照我们的方法制造汽车，不浮起来才怪呢。

每辆 VW 车用的都是防水钢制底盘，它还能防尘、抗腐蚀，并防止其他污垢侵蚀汽车底部。车底密闭不透水。

首先直截了当地扔出一个话题"VW 车能浮起来"，原理是什么呢？下一句话没有给出解释，反而又留下一个悬念，直到第三句话，才具体地进行了说明，让人不知不觉已经读完了文案。但要是马上说明缘由，往下看的欲望会大打折扣，就像这样：

☒ VW 车能浮起来。每辆 VW 车用的都是防水钢制底盘，它还能防尘、抗腐蚀，并防止其他污垢侵蚀汽车底部。因为车底密闭不透水。

读者一旦"解决了"文案里提出的问题之后，很大程度上就丧失了"求知欲"，所以一定要吊足胃口，说一半，留一半。

另外，还可以通过"制造矛盾"的方式，提出一个与日常观念反其道而行的观点，引发不同读者发出不同的声音，并且为了探究这个新的想法，主动去阅读文案。例如：

《我这么努力，我为什么还焦虑？》

很多人都很羡慕我目前的生活状态，说现在就像空中飞人一样，隔几天就飞不同的城市，体验不同的生活，太惬意了。我苦笑，其实都是围城。

标题和正文都用了几个对比鲜明的词来表达情感，"努力"却"焦虑"，"惬意"其实"苦笑"。这些在常人看来积极正面的事，实则有不为人知的一面，不停地反转大众认知，勾起好奇心。

大多数人不爱看广告，不是因为它是广告才不爱看，而是因为这条广告不好看。

优秀的广告内容流传甚广，被人们津津乐道，其转化率自然不可小觑。所以，充满趣味性、留有悬念、字字珠玑、一目了然的广告，是大众喜闻乐见的。

4.1.2　文案开头的三大"黄金"句式

优秀的文案总是有相似之处，文案创作者们不难发现，那些转化率高的文案开头一般都有金句，这些金句如同一抹明丽的色彩，给文案起到了"画龙点睛"的作用。

那么，开头金句都有哪些固定句式呢？在这里，给大家总结了三大"黄金"句式，如下图所示：

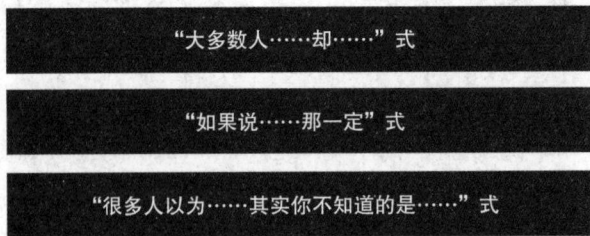

> "大多数人……却……"式

> "如果说……那一定"式

> "很多人以为……其实你不知道的是……"式

图 4-1　文案开头三大黄金句式

1. "大多数人……却……"式

有一个名为乔·卡伯的美国人，只有高中学历的他自学营销，随后走上卖货之路，创富成功。于是，他将自己的创富经验写成了一本书——《懒人致富》，并为这本书创作了一篇文案，该文案的开头如下：

大多数人，整天为了养家糊口而奔波忙碌。

却因此，而丧失了发家致富的机会。

我过去常常拼命工作，一天工作 18 小时，一周工作 7 天。

但我并没有挣大钱，直到我减少工作时间——少了很多之后。

——乔·卡伯

当时，这篇文案的开头吸引了很多消费者的目光，让很多人产生了情感共鸣，带动了该书的销量。也正是这一开头金句，为乔·卡伯带来了巨大的财富。虽然乔·卡伯已经离世，但这"大多数人……却……"式的开头金句却流传下来，成为众多文案创作者效仿的典范。

例如，某洗碗机的文案如下：

大多数家庭，总是为"谁洗碗"吵个不停，却不知道，这件东西，能帮你解决洗碗的烦恼！

这种文案开头，很容易引起那些不爱洗碗的人的注意，能让他们忍不住要继续往下看。

2. "如果说……那一定"式

这种句式的文案开头，会给读者一种"绕指柔"的感觉，例如：

如果说这个世界上有一种美食

能让你欲罢不能

那一定是火锅

要说比火锅还让人嘴馋的

那一定是重庆火锅！

这条文案通过层层递进的方式，能让开头的表述更为自然，让"重庆火锅"一点一点走进消费者的内心。

3. "很多人以为……其实你不知道的是……"式

这种句式会给人一种反转的感觉，例如：

很多人以为

女性年轻的时候不需要抗衰老

其实你不知道的是

越早使用抗衰老的护肤品

越会降低变老的程度

这种反转式的开头会让消费者产生"为什么这样说?"的感受,能让消费者产生好奇心理去看完下文得到答案。

对于很多文案创作者来说,文案的开头一直是比较难写的一个部分,很多人会患有"开头恐惧症"。要想克服这种心理,大家不妨收集一些好的文案开头模板,就像上文提到的三大黄金句式一样,先从"模仿"做起,相信你的开头会慢慢地越写越好。

> ### 文案"加油站"
>
> 除了以上三种黄金句式,相信还有很多精彩文案开头句式,你可以将其写下来,作为你的文案开头句式素材。

4.2　有说服力的正文,才能收获用户的购买欲

正文是文案的精华,也是文案人展示文案功底、刺激用户消费的关键。一个有说服力的正文,能戳中消费者的痛点,收获消费者的购买欲望。

要想文案具有说服力,真正打动消费者的心,文案创作者需要从正文的表现形式和正文的撰写逻辑上下功夫。

4.2.1　选择合适的正文表现形式

一般而言,正文的表现形式无外乎四种类型:事实型、论述型、情感型、故事型。事实型是直接陈述客观事实,介绍产品特点;论述型则是先摆出自己的观点,再进行分析;情感型是以散文式的语言,引发读者的情感共鸣;故事型则以讲故事为主。

这四种表现形式各有好处,我们一起来看看这四种表现形式的案例:

【事实型】

都新世纪了，还在用这一杯苦咖啡来提神？你知道吗，还有更好的方式来帮助你唤起精神：全新上市的强化型红牛功能饮料富含氨基酸、维生素等多种营养成分，更添加了 8 倍牛磺酸，能有效激活脑细胞，缓解视觉疲劳，不仅可以提神醒脑，更能加倍呵护你的身体，令你随时拥有敏锐的判断力，提高工作效率。——红牛饮料

【论述型】

一部高效率的超级个人电脑，必须具备一片高性能的快速处理器，才能得"芯"应手地将各种软件功能全面发挥出来。Intel 现率先为您展示这项科技成就，隆重推出跨时代的奔腾处理器，它的运算速度是旧型处理器的 8 倍，能全面缩减等候时间，大大提升您的工作效率。——英特尔奔腾处理器

【情感型】

一厢情愿；爱在世界的边缘；梦难圆；咫尺天涯；不再回首；此生隐没在无爱的忧愁——铁达时表

【故事型】

车子由高志勇驾驶着，他今年 17 岁，血气方刚。车上另有一名前座乘客及一名后座乘客，他们都是志勇常聚在一起玩乐的好朋友。

车子是志勇向妈妈借来的，妈妈从来都没拒绝过他，只是每一回总是再三嘱咐志勇得小心驾驶，毕竟志勇还是个"新手"。车子正往牛顿小贩中心奔驰，大伙肚子都饿急了，准备到那儿大吃一顿。一个左转来到杜尼安路时，意外发生了……——德国大众汽车

事实型和论述型这两种类型的正文其实有点类似，其不同之处在于论述型的文案开头多了一个观点。总体上，前面两种正文的表现形式偏理性，后面两种正文的表现形式偏感性，文案创作者需要根据自己产品的特点来选择合适的表现形式。

例如，你所要用文案展现的产品属于食品类的，消费者对其安全性比较在意，你可以用前面两种表现形式来对产品进行全方位分析，更能体现食品的安全性；如果你想用文案引起消费者的共鸣，那么建议采用后面两种表现形式。

4.2.2　正文撰写"三部曲"

除了选择一个合适的表现形式，想要正文真正具有说服力，文案创作者还需要有一个清晰的文案写作逻辑。文案创作者在撰写文案正文时，可以采用下面这套逻辑来对正文流程进行把控。

图 4-2　正文撰写的"三部曲"

1. 下笔前先思考

俗话说："工欲善其事，必先利其器。"在撰写文案正文时，文案创作者首先应该对要写的内容有个大致的思考与判断，即要学会谋篇布局。否则，写出来的东西的逻辑会很混乱，给读者一种"东一榔头西一棒子"的感受。

那么，下笔前思考的内容有哪些呢？首先，文案创作者要对撰写的内容有个整体的概念，明确产品的卖点有哪些，在这个过程中，可以把产品的核心价值点罗列出来；其次，要确定正文的类型、风格、文体、写作人称等细节；并且还需要根据文案发布的渠道，来确定正文的字数，避免写得太多或者太少。

2. 列出提纲，确定正文结构

做完思考后，文案创作者可以将正文的结构初步拟定出来，比如在草稿上写出正文的几个部分，可以采用框架的形式将各部分所要讲的内容提炼出来。

这个过程是漫长的，因为好的正文结构都是不断修改打磨出来的，如果文案创作者将提纲列出来了，正文的调性和走向就出来了，后面写正文的时候也会更有逻辑性。

文案"加油站"

文案的逻辑顺序主要有以下几种，供大家参考：

1. 重要性：最重要、较重要、次要
2. 时间：第一、第二、第三
3. 演绎过程：大前提、小前提、结论
4. 语序结构：并列、递进

---

3. 填内容

提纲做好后，文案创作者所要做的就是展开论述，将需要呈现的内容全部填到提纲中，这是正文初稿时的要求。初稿完成后，文案创作者需要在初稿的基础上，不断地做出修改、精简和优化，多使用短句，做到简洁有力。

一起来看一个正文案例：

【1】如果你问我，这世界上最重要的一部车是什么？那绝不是你在路上能看到的。

30 年前，我 5 岁，那一夜，我发高烧，村里没有医院。爸爸背着我，走过山，越过水，从村里到医院。爸爸的汗水，湿遍了整个肩膀。我觉得，这世界上最重要的一部车是——爸爸的肩膀。

【2】印象中，爸爸的车子很多，大概七八十部吧。我爸爸没什么钱，他常说："买不起真车，只好买假的。我这辈子只能玩这种车啰！"

经过多年努力，我告诉爸爸，从今天起，我们玩真的。爸爸看到车后，还是一样东摸摸、西摸摸，他居然对我说："我这辈子只能玩假的，你却买真的！"

爸，你养我这么多年不是假的，我一直想给你最真的。——中华汽车

中华汽车的这两则文案正文，是很有逻辑性的。首先，正文以"父爱"为主旋律，两则故事是按照时间的顺序来写的，即30年前和30年后。30年前的故事以"爸爸的肩膀"为核心词，30年后的故事以"真情"为核心词，从"爸爸的肩膀"到"真情"，这是一个递进关系，这就是文案创作者在写正文时的逻辑性。

由此可见，文案创作者在写正文时，可以先用几个核心词来列出提纲，然后再填补正文的内容，这样写出来的正文会更有说服力和感染力。

4.3 写好"凤尾"，引导消费者下单

电影《大话西游》里有一句话："我猜中了开头，却没猜中结尾。"有时候文案的结尾就是如此，能让消费者眼前一亮，让他们觉得光是看结尾都很有意思。这其实就是文案中"凤尾"的魅力。

那么，文案的"凤尾"应该怎么写才能引导消费者下单呢？首先，我们来一起看看写"凤尾"的四大常用方法。

4.3.1 常规法："凤尾"写作的四大方法

归纳起来，文案结尾一般有以下四种写法：

1.首尾呼应法

这种方法是最常用和最常见的，主要是为了呼应开头内容、点明主

题，使内容变得完整，结构更加紧密。例如：

相信你也一定需要这样一部车，

……

【结尾】高尔夫，经典名车。——高尔夫车

2. 篇尾升华法

升华式的结尾，通常会抛出一个观点给读者，可以让文案结构更紧致。文案创作者可以采用名人名言进行升华，或者采用排比的修辞手法。例如：

与其在不变中永恒，不如从变化中共相守。

3. 水落石出法

这种结尾方法一般适用的文案类型比较少，其文案开头、中间的内容都是在做铺垫，最后的结果会很自然地流露出来。例如：

原本我是非常羡慕她的，

……

【结尾】她就是×××

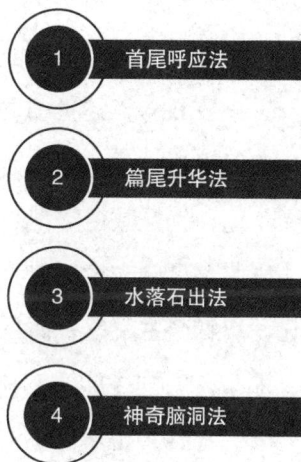

图4-3 "凤尾"写作的四大方法

4. 神奇脑洞法

所谓"脑洞"式的结尾，就是要和平常的内容不同，给读者一个出人意料和反转的感觉，让读者的记忆更加深刻。例如：

你啪啪的打脸声，不是自虐，是林清轩修复油在奏响美丽容颜的交响乐。——林清轩

以上这四种方法是结尾写作的常用"套路"，如果大家不知道结尾该写什么，或者是纠结如何写会更好，可以尝试一下以上方法。

4.3.2　进阶法：营造稀缺感，踢好"临门一脚"

一篇好文案，不仅仅只是开头和正文出彩，写好结尾也是留住消费者的关键一步。如果文案创作者能够踢好这"临门一脚"，那么将会为文案带来更高的转化率。

现实生活中，有很多文案都是"头重脚轻"，有些文案的结尾令人啼笑皆非，例如，某房地产公司的文案结尾为：

××医院旁，尽享百万人流。

明明是房地产文案，但文案的结尾却让人想到医院的"人流"，产生歧义。这种就是敷衍类型的结尾，让人感觉很"俗"。

由此可见，文案创作者在写文案结尾的时候，一定要仔细斟酌，不但不让消费者产生反感，而且能让消费者产生下单的欲望。

那么，怎样才能达到以上的效果呢？俗话说"物以稀为贵"，很多时候，人们都会为得不到的东西而"骚动"。换言之，人们总是想得到更稀缺的东西。因此，文案创作者可以抓住消费者这种心理，通过结尾来营造一种稀缺感，引导消费者下单。

1.稀缺感是什么？

在营造稀缺感之前，文案创作者需要了解稀缺感是什么。它既指物品资源的缺乏，又指人为制造的稀缺，即大家常说的"饥饿营销"。

文案"加油站"

"饥饿营销"的三个层次：

第一层：稀缺＞充足

第二层：先充足后稀缺＞一直稀缺

第三层：先充足后稀缺（因为争夺）＞先充足后稀缺（因为失误）

日常生活中，很多店铺在做促销宣传的时候，会用到一些话术，比如"最后五天""前两百名赠送礼品""三天后恢复原价"等。这些话术往往会给消费者营造一种紧迫感，让他们产生"这么好、这么便宜的东西我就要买不到了"的错觉。原本还在犹豫和观望的消费者，会很容易心动，从而立即下单。

这种心理是文案创作者在日常生活中经常遇到的情形，同样的，这种"稀缺感"的话术也可以运用到文案的结尾，让消费者读完文案后，产生一种"不买就很亏"的紧迫感。例如：

××洗碗机，方便又好用，前200名下单者可享受7.8折优惠与包邮！

虽然只是短短的一两句话，但是加在文案的结尾，会提升文案的转化率。由此可见，文案创作者在创作文案的时候，不妨尝试用文字营造稀缺感，那么，除了采用一些具有紧迫感的词语，这种稀缺感还可以如何打造呢？

2. 学会"五限"，营造文案稀缺感

从营销角度来讲，营造产品的稀缺感其实就是合理地放大了产品的价值。当文案将这种价值放大后，就会有更多的消费者顺着文案的引导来购买产品，这也是文案转化率提升的一个重要方面。在这里，大家如果能学会"五限"，文案的稀缺感不请自来。

（1）数量限制

数量限制的作用在于，能够给人们传递这样一种信息：如果你不及时购买，以后就买不到这个产品了，例如：

每天限量100份的定制衬衫，你值得拥有！

在日本的原宿，有很多服装门店会有新品发布日，在发布日之前，店铺会提前发布预告，告诉消费者新品数量有限，于是，很多消费者会在新品发布日那天，早早地到门店门口排队，生怕错过新品的发售，这就是数量限制带来的集聚效应。

（2）价格和附加品限制

价格和附加品的限制通常会引起"爱贪小便宜"的消费者注意，例如：

史上最低折扣，三天过后恢复原价！

下单前100名将获得"买一送一"的特权哦！

当那些还在观望的消费者看到这种文案后，内心会开始蠢蠢欲动，认为"早买晚买都是买"，抓住优惠机会，还能为自己省一笔钱。

（3）身份限制

苹果曾经运用过这种限制方法，例如：

仅限××大学学生福利，报名享5折优惠！

通过对购买者身份或数量的限制来进一步体现产品的价值。

（4）地域限制

现实生活中，位于繁华地带的房子总是很快售罄，产自新疆的葡萄干总是卖得更贵，这些带有地域色彩的产品都会利用其地域特点来增加产品的附加值，例如：

来自长白山的极品小木耳，肉质厚、Q弹爽脆，快抢！

（5）时间限制

时间限制是指规定一个时间段，消费者在这个时间段内可以买到某种产品或是享受到某种优惠，如果超过了这个时间段，就不能购买或者无法享受优惠。例如：

西湖龙井占据十大名茶之首100余年，就凭一个字——"鲜"。西湖龙井茶中的极品，当数"明前茶"——顾名思义，明前龙井最佳的采摘期，就在清明节前这几天。

经过一个冬天，茶树积攒了丰富的营养，且第一次采摘时仅采摘春天刚冒出的芽头，量非常之少，所以更为珍贵。而其最佳的品鉴期，就是每年的四月初一至五月初一这短短一个月。

过了这一个月，"鲜"的滋味和香气就会迅速下降，你再有钱有权，也回天无力，再想喝到这样的味道，就得再等上一年。

文案首先在开头叙述了西湖龙井的味道以及珍贵，到了结尾强调"再想喝到这样的味道就得再等上一年"，目的就是让消费者产生一种紧迫感，从而促使他们尽快购买，这样也就达到了稀缺营销的目的。

3. 稀缺感营造的三大注意事项

文案创作者在文案结尾营造稀缺感的时候，需要注意以下三大事项：

（1）不要忽视数字的作用

量化的文案结尾总是能吸引对金钱数字敏感的人们。例如，大家经常在电视广告中听到导购员说"只要998，产品带回家"，原本对这个广告不感兴趣的你，听到这个数字后，首先会进行思考，分析这个价格是否很划算。如果是划算的，那么就很容易产生下单的欲望。

因此，不要小看数字的作用，它们能够给消费者留下极为深刻的印象，直接刺激着消费者的神经，直白而准确地传达你想要营造的稀缺感。

（2）要把握好"度"，多一点少一点都不行

"稀缺感"的度很重要，过"稀"的文案结尾会让消费者打"退堂鼓"，他们会认为：只有这么点数量了，我能抢到吗？相反，如果文案结尾营造的稀缺感"稀"得不彻底，那么消费者也会觉得：还有这么多，产品真的好吗？是不是卖不出去才促销？

因此，营造稀缺感，最重要的是要把握好这个度，既要能体现产品的紧俏程度，又不能打消消费者的购买欲望。

（3）谨慎用词

在广告法中，有一些具有强烈迷惑性、夸大性、欺骗性的词汇是禁止使用的。比如：全网第一、第一品牌、排名第一、销量第一、唯一、最赚、最优、最好、世界级、国际级、国家级、极品、顶级、绝版、绝无仅有、稀世珍宝，等等。

既然不能使用这些词语，那么为了突出产品的极致性和稀缺感，文案

创作者可以寻找一些替代词来表达。例如不能写"全网第一"，那么文案创作者可将其替换成"销量领先"。

总而言之，"条条大路通罗马"，既然一条路走不通，那么文案创作者就换另一条路走，让需要展示的内容，通过更委婉、更稳妥的形式表现出来。

很多文案创作者在写文案的时候，通常会把注意力放在标题和开头，以至于每每写到最后时，就显得"苍白无力"，不会给读者带来深刻的印象。但究其文案写作的本质，其实是为了让读者付出行动、购买产品，如果你的文案结尾没有踢好这"临门一脚"，那么你所写的文案也不具有很大的价值。因此，文案创作者要在"凤尾"上下足功夫，才能写出爆款文案。

4.4 好文案＋好配图，1+1>2

人类是视觉动物，在新媒体时代，文案光靠干巴巴的文字是很难吸引用户的。有时候，一个好的文案加上好的配图，会产生 1+1>2 的效果。

但是，文案的配图也不是随便搭的，每篇文案应该配什么样的图？配图应该放在文案的什么位置？这都是文案创作者所需要学习的文案技巧。

4.4.1 合理配图，给你的文案增光添彩

为了更好地传情达意，文案创作者在给文案进行配图的时候，需要注意遵循"合理"的原则。首先，要学会"先主后次"，什么是先主后次呢？就是文案创作者要先确定主图的风格，同时兼顾次图的风格。

所谓"主图"，就是消费者在各大平台上第一眼看到的图片，即最大、最醒目的图片。因此，文案的主图一定要与文案内容高度契合，例如你的文案标题关键词是某人物，那么你所选取的图片就要和这个人物相关。

相较于主图，次图的空间比例会小一些，很容易被人忽视，但是它的

作用也是很大的。在摆放次图位置的时候，大家需要避免将所有的次图摆在同一位置，次图应该均匀地分布在文案各处，并且离主图也不易过近。否则，你的文案就会给人一种"全都是图片"的感觉。

为了让文案配图更加合理，在选择主图和次图的时候，大家要注意图片的清晰度和尺寸。否则，当大家选择了一张很漂亮的图片时，由于图片太大，放在平台上被压缩成马赛克，或者被压扁了，那么会影响观感。

4.4.2 文案选图小技巧

俗话说"一图胜千言"，如果你是一个不会挑选文案图片的人，那么以下几个选图小技巧可供参考：

1. 图片要有明确的视觉焦点

一张图片如果没有明确的视觉焦点，那么用户所获得的概念和信息就会比较模糊。因此，在选择图片的时候，要观察该图片的视觉焦点是否清晰。例如，苹果公司的文案通常都会用巨大的产品图作为配图，其产品图视觉焦点简洁清晰，能够给消费者提供最有效的信息。

2. 图片中的人物形象要真实

真实的人物形象能够更好地传递情绪和感情，给读者带来更好的文案阅读体验。

3. 选择具有个性化的图片

文案创作者要想在众多竞争者中脱颖而出，最重要的是要有自己的"个性"标签，而文案的图片有时候就可以打造这个"个性"标签。如果你的图片和别人不一样，很有"个性"，那么读者就会对你的文案留下深刻的印象。

文案创作者在选择具有个性化的图片时，可以尝试从一些免费正版的图片网站去搜索图片，并且要有"系列"意识，大家所选择的图片最好是成体系的，这样用到文案中后，会显得统一美观。

文案"加油站"

免费正版的图片网站名称：

Unsplash

Pixabay

Pexels

Visualhunt

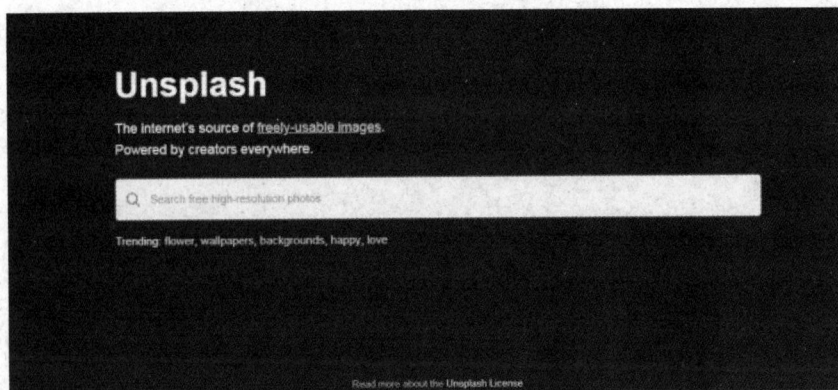

图 4-4　Unsplash 网页界面

4. 选择高饱和度、高亮度的图片

图片的饱和度和亮度也很重要。高饱和度、高亮度的图片更容易抓人眼球，例如红、黄、蓝就比黑、白、灰更吸引人，会让文案更加吸睛。

事实上，文案的配图能在一定程度上降低读者阅读文案的难度，并且也能让整篇文案的美感有所提升。因此，大家在平日的写作过程中，可以多积累一些优质的图片，建立一个文案配图素材库，让优秀的图片给你的文案增光添彩。

第5章

创意＋卖点＋痛点＋冲突＋口碑
＝爆款文案

在写作文案的过程中，有的人绞尽脑汁，却不见成效；有的人略加思索，就收获颇多，造成这两种不同结果的关键便在于撰写文案的过程中，是否掌握了文案写作的技巧。如果认真分析那些"文案大神"们的爆款文案，不难发现，他们最常用的一个文案写作公式就是"创意＋卖点＋痛点＋冲突＋口碑＝爆款文案"。

5.1 创意：爆款文案的灵魂

在碎片化阅读的时代，长篇累牍的广告文案已经不再适应现代消费者的阅读习惯。精简的广告文案才是现在甚至是未来受欢迎的形式。文案需要精简，但传递的信息和理念却不能少。通常来说，文字越简短，越能加深受众的认知和印象。

因此，文案创作者要对文字多加提炼，使有限的文字传达出无限的精神内涵。要充分发挥创意的作用，用简短的语句传达出产品的核心卖点。吸引受众注意力的同时，实现差异化的表达。

5.1.1 创意要"新"，更要有"金句"

英国作家塞·约翰逊曾经说过："诗歌的灵魂在于创新，即创造出使人意想不到的、惊叹不已的和赏心悦目的东西。"诗歌要创新，文案的创意也要"新"，既要出人意料，也要触动人心。但创新不是造空中楼阁，而是要在常规的基础上建立"新"，只有突破常规，想常人所不能想，才能给人带来冲击和震撼。

创意"新"，应该"新"在哪些方面呢？可以是"新"视角、"新"组合、"新"元素，也可以是对原有创意的改良。无论是哪些方面，创意都需要展现出戏剧性、震撼性的效果，要让受众感受到"新"创意的冲击力和感染力。

因此，在文案撰写过程中，文案创作者要时时刻刻具备创"新"精神，在紧抓品牌元素的基础上进行天马行空的创作，充分发挥想象力，传播好品牌形象。好的创意文案给人的感受是"出乎意料又在情理之中"，比如以下这些案例：

按捺不住，就快滚——微软鼠标

滴滴关怀，注入你的生命活力——脉络宁注射液

一毛不拔——上海梁新记牙刷

难言之隐，一洗了之——洁尔阴洗涤液

使命必达——联邦快递

非可乐——七喜饮料

人类失去联想，世界将会怎样——联想集团

不是我戒不了酒，是我戒不了朋友——红星二锅头

这些文案既新颖又有趣，能在短时间内迅速吸引阅读者的眼光，这就是创"新"的魅力。很多爆款创意文案，不仅创意"新"，而且还具有超强的传播力。这是因为文案写作者充分运用语言的魅力，创造出了文案"金句"。

"金句"之所以能引发广泛的传播，是因为它幽默、诙谐、一针见血，能在群体范围内自发传播。在碎片化阅读时代，观众的注意力往往只有 3 秒，所以，只有创意文案才能牢牢抓住受众眼光，只有不断造"金句"想"创意"，才能突出产品的核心竞争力。创意对广告文案来说至关重要，一个好的创意能有效传播产品形象，切中受众需求点，让受众产生好感。

例如士力架的"一饿就虚了，横扫饥饿，做回自己，士力架，真来劲"，德芙巧克力的"听说，下雨天，巧克力和音乐更配哦"，香飘飘奶茶的"一年卖出七亿多杯，连起来可绕地球两圈"等文案，都可以说是文案中的创意"金句"。在这些"金句"的加持下，产品也变得深入人心。

创意文案的魅力无穷，每个文案创作者都应该在创意上下功夫，那么，文案创造者应该如何写出有创意的文案呢？

5.1.2　创意文案写作"三板斧"

做任何事情都是有方法可循的，就算是创意文案也不是天马行空地想

象，要知道人的灵感都是有限的，再厉害的文案创作人也不可能一直文思泉涌。所以，创意文案是有切入点，有"套路"可依的。这里总结了以下三点制造创意文案的方法：

图5-1 创意文案写作"三板斧"

1. 有韵律感

讲究对偶、押韵的古诗读起来富有韵律感，而且易于记忆，文案的创作也要追求韵律感，有韵律感的文案读起来朗朗上口，一定程度上渲染了情感氛围，在不知不觉中给受众留下了深刻的印象。比如，戴比尔斯钻石的广告语"钻石恒久远，一颗永流传"，极富韵律和美感，使钻戒象征永恒爱情的观念深入消费者心中。

2. 文案要走心

物资极度匮乏的时代已经过去了，在当今商品经济时代，年轻人对精神方面的需求远远大于物质方面的需求。消费者挑选商品时更多是跟着"感觉"走，只要是当红明星代言的产品，销量往往十分可观，很显然，消费者并不是缺少这样的东西，更多的是为了支持自己心中喜欢的明星。

所以，文案的创作一定要贴合消费者内心，想消费者所想，和消费者之间产生一种心理共鸣。只有直戳消费者的痛点或兴趣点，文案才能起到"一呼百应"的效果。下面的广告案例就体现了走心的特点：

科技以人为本——诺亚基手机

成长难免有创伤——邦迪创可贴

一切皆有可能——李宁运动

追求卓越，业精于专——中国移动

九十九和百分之九十九的纯粹——象牙香皂

敢为天下先——凯迪拉克汽车

3.改编借鉴

在文案撰写过程中，文案创作者要学会借鉴，比如广为熟知的名人典故、俗语谚语或是歌词。只要是为受众所喜闻乐见的都可以作为文案创作的素材。比如，胆舒胶囊的广告文案将"大事化小，小事化了"改成"大石化小，小石化了"；天猫的广告文案将歌词"你是我的眼，带我领略四季的变化"改编为"你是我的衣，带我领略四季的变化"，这些巧妙的改编不仅刷新了消费者的认知，也让消费者感受到了乐趣。

以下文案中的改编和借鉴也是非常成功的，值得文案创作者们学习：

千里共婵娟，佳人变家人，怎能少了杜蕾斯——杜蕾斯

六神有主，一家无忧——六神花露水

女人"月"当"月"快乐——护舒宝

简短的广告文案要把品牌立意表达清楚、让消费者有所触动，其实并不容易。文案创作需要在品牌和消费者之间建立起一座真诚、用心沟通的情感桥梁。要通过创意文案来宣传品牌的形象，从而起到扩展产品影响力的效果。

文案"加油站"

假设你开了一家手机店，你怎样用文案创意来描述产品？

5.2 卖点：三步法，帮助消费者了解产品特性

生活中，消费者购买产品时，通常会根据产品的功能特性来做出选

择。由此可见，对于消费者来说，"产品特性"很重要。要想帮助消费者了解"产品特性"，文案创作者需要借力"卖点"这一工具。

所谓"卖点"，就是你的产品和其他产品的不同点。在产品的生命周期中，每一个不同点都可以作为"卖点"。所以，对于文案创作者而言，要想从众多产品文案中脱颖而出，可以从抓住产品的"卖点"入手，即通过给消费者一个"明确的承诺"，告诉消费者通过购买你的产品能够获得什么，从而抓住消费者的眼球。

那么，作为文案创作者的你，怎样利用文案恰到好处地去展示产品的"卖点"呢？希望以下三步法能够对大家有所帮助。

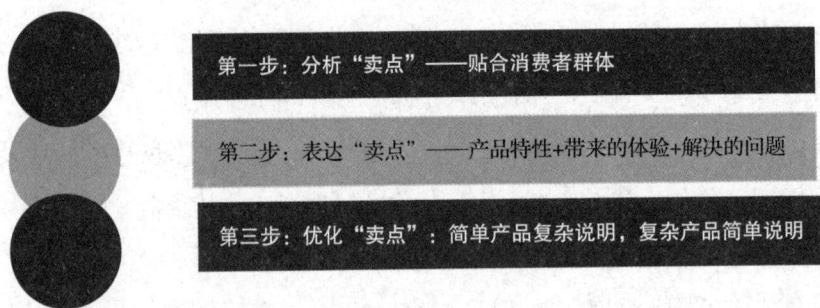

第一步：分析"卖点"——贴合消费者群体

第二步：表达"卖点"——产品特性+带来的体验+解决的问题

第三步：优化"卖点"：简单产品复杂说明，复杂产品简单说明

图 5-2　卖点"三步法"

5.2.1　第一步：分析"卖点"——贴合消费者群体

曾经有一个被赞美上天的民间神文案——"甜过初恋"，而这个文案具体场景是这样的：一个老奶奶骑着三轮车在菜市场卖橘子，橘子摊上立着一张写有"甜过初恋"的纸板。从文案中可以看出，其产品的"卖点"则是"初恋"。

对于一个充满烟火气的菜市场里的大多数家庭主妇们而言，"初恋"这个词既熟悉又陌生，虽然经历过，但随着岁月的流逝，青春年华已不再，再看到"初恋"这种词，心里往往也不会泛起什么涟漪了。对于这类消费者群体而言，"几元几斤"式的文案似乎更有效果，因为这类消费者群体更关心的是"价格会不会更优惠"这种实在性的信息。

因此，文案创作者在创作文案时，需要注意文案所表达的"卖点"与消费者群体是否对称，即你所创作的文案一定要在具体场景下贴合消费者。例如：

你拍一，我拍一，小霸王出了学习机；你拍二，我拍二，学习游戏在一块儿；你拍三，我拍三，学习起来很简单；你拍四我拍四，保你三天会打字；你拍五，我拍五，为了将来打基础；你拍六，我拍六，小霸王出了486；你拍七，我拍七，新一代的学习机；你拍八，我拍八，电脑入门顶呱呱；你拍九，我拍九，21世纪在招手；你拍十，我拍十，现在去买还不迟。——小霸王学习机

这则文案中，"学习游戏""打字""电脑入门"这些都是"卖点"，并且以极其童真的表达方式——"拍手歌"，来展现"卖点"，将产品的"卖点"与学生这一消费群体完美贴合，这其实就是文案创作者在创作文案的过程中，准确分析了消费者群体的"卖点"而带来的良好效果。

由此可见，文案创作者在创作文案之前，需要先分析文案"卖点"，并且充分考虑到消费者群体的特性，比如针对女性消费者，文案创作者可以从"颜值""实惠"等方面去分析"卖点"；针对男性消费者，文案创作者可以从"实用""酷炫"等方面去分析"卖点"。这样文案创作者分析出来的"卖点"才能实现真正的"对症下药"。

5.2.2　第二步：表达"卖点"——产品特性＋带来的体验＋解决的问题

分析完卖点之后，文案创作者需要做的，是将自己分析出来的"卖点"表达好，那么，具体该如何表达呢，这里给大家总结了一个公式：

卖点＝产品特性＋带来的体验＋解决的问题

这个公式是什么意思呢？以华为 FreeBuds3 无线蓝牙耳机为例：

产品特性：搭建麒麟 A1 芯片，全新双通道同步传输，连接稳定抗干扰，重新定义无线音频体验。

带来的体验：兼备舒适佩戴与安静聆听，使用"智慧生活"APP，还可以调节降噪效果。

解决的问题：支持无线充电，手机也可给耳机盒反向充电，搭配充电盒，音乐播放时长最长可达到 20 小时。

因此，华为 FreeBuds3 无线蓝牙耳机文案如下：

麒麟 A1 芯片，智慧降噪，无线充电

这一满足公式的文案，就很好地将产品的"卖点"表达了出来，让消费者能够深刻地感受到产品能给自己带来什么。

5.2.3 第三步：优化"卖点"——简单产品复杂说明，复杂产品简单说明

在文案创作界，流传着这样一条文案写作原则：简单产品要复杂说明，复杂产品要简单说明。这一条原则，其实就是优化文案"卖点"的方法。

1. 简单产品复杂说明

对于那些简单普通的、没有突出特点的产品，即卖点简单的产品，如果你的文案也写得简单直白，那对于用户来说便没有说服力，会让他们觉得你的产品并不是物超所值，或者压根就不值这个价钱。

这个时候就需要把简单的产品复杂说明了。但是如果你把每一个点都复杂化，比如你把产品的历史、理念、生产工艺、附加值等都事无巨细地描述出来，那也是不恰当的，很可能适得其反。最好的方式就是针对简单的这一个卖点来把它"复杂化"。这样既有助于用户理解，又没有信息不对称，以此来获得消费者对产品的认同。

下面举个例子：

矿泉水算是一个相对简单的产品，市场上有很多牌子的矿泉水，而农夫山泉在竞争中就用到文案"我们不生产水，我们只做大自然的搬运工"从众多品牌中脱颖而出。并且在文案中提到农夫山泉二十年坚守"从不使用城市自来水"的理念，以及每一瓶农夫山泉都清晰地标注水源地，让消费者明确知道该产品主要特点是天然安全、健康优质，使消费者对产品放心，对品牌信任。

2. 复杂产品简单说明

每天过量的信息消耗了人们大量的时间和精力，接收到的信息过于复杂会使人疲于关注。比如某饮水机的文案：

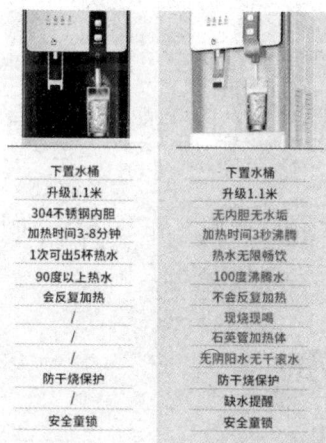

图 5-3 某饮水机详情页（图片来源于淘宝）

这款产品的文案描述本来是希望通过对比向消费者传递购买该产品的理由，但是由于现在信息过量，人们浏览信息大多是一目十行，也就是说，这个表格里的对比在消费者接触到的时候并不能让消费者快速了解到该产品的核心价值。

首先普通消费者对于复杂产品本来就难以理解，这时如果再用复杂的语言去说明产品，更有可能让消费者摸不着头脑。其次，刚刚也提到，信息过量的时代，大多数人们疲于接受太复杂的信息。因此，对于复杂的产品，如果想要消费者快速了解，你的文案就必须要简单化。

综合上述三步，创作出一个让消费者了解"卖点"的文案就比较容易了，你不妨可以试试。

文案"加油站"

假设你的产品是少女用的香水，请根据上述 3 个步骤，来创作一篇文案。

5.3 痛点：黄金圈法则，为消费者开出"止痛药"

一个好的文案，不需要面面俱到，而是要找准一个切入点进行深刻剖析。这个切入点可以是创意点、趣味点、热点等，但对于文案而言，重中之重的那一"点"就是"痛点"。

那么，"痛点"到底是什么呢？在解答这个问题之前，先来了解一下著名的乔布斯思考模式——"黄金圈法则"，它包含了三个部分，如下图。

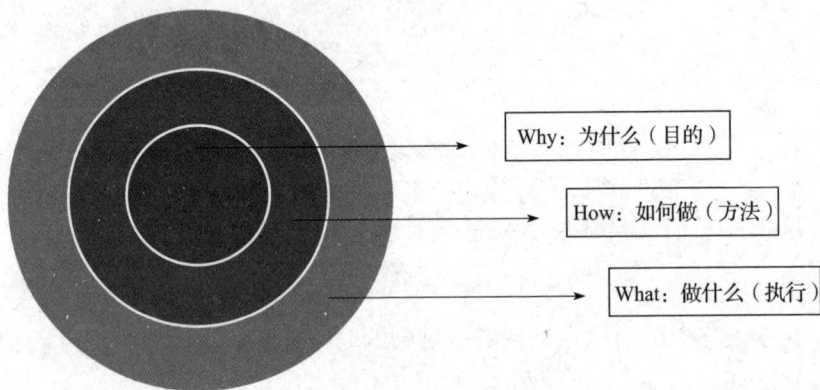

Why：为什么（目的）

How：如何做（方法）

What：做什么（执行）

图 5-4 "黄金圈法则"三大部分

通过上图大家不难看出，"黄金圈法则"中的各部分是层层递进的关系，它的思考顺序是"由内而外"。这代表着文案创作者在用"痛点"创作文案时，首先要明确"需要解决痛点"，然后了解"如何找痛点"，最后知道"用什么方法写痛点"。

5.3.1　Why：为什么需要解决"痛点"

痛点是用户最烦恼的问题，是用户既担心又害怕的"点"。当一个人遇到某个痛点问题时，会主动寻求解决方法。它与"痒点"不同，不是无关紧要的，而是必须马上解决的问题。

举个最简单的例子，比如今天晚上我想吃面条，可现在没有面条只有米饭，那么，这件事对于我来说就只是"痒点"，问题不大。但如果今天晚上没有任何东西可以吃，这就会变成我必须解决的"痛点"。

文案创作者想要准确发掘消费者的痛点，可以按照马斯洛需求层次理论来分析。当最基本的需求都无法满足时，人们内心的恐惧将到达顶点。因此，越是金字塔底端的需求，越是能够引起消费者内心最深的恐惧。文案创作者通过分析需求，唤醒消费者的恐惧心理的方式，很容易找准用户的痛点。

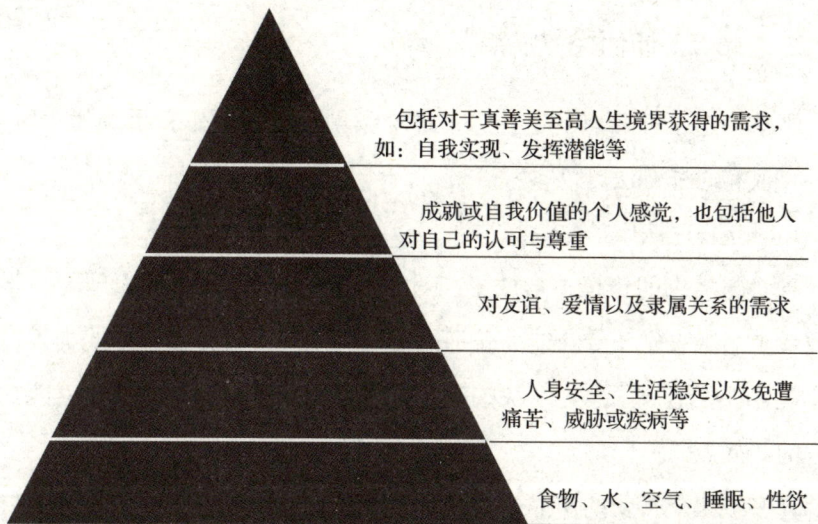

图 5-5　马斯洛需求层次理论

如上图，人类的需求包含了各个层面，不同的人有着不一样的需求，你的需求可能是一件新衣服，他的需求可能是一套豪宅。正如每个产品，所能解决的"痛点"也不同。

但总体来说，人们对于某些事物存在普遍的恐惧，这种广泛的共性也有利于文案创作者进行创作，大家可以参考《列表之书》中列举的人类最常见的 14 种"恐惧"，如下表所示。

表 5-1　人类最常见的 14 种恐惧

1. 孤独无助	没人理解我，没人帮助我	8. 众叛亲离	被所有人背叛，独自一人
2. 生存挑战	没有空气、食物、阳光	9. 生离死别	再也无法见面
3. 探险未知	未知领域将要面临的危险	10. 评头论足	对你指指点点
4. 血腥暴力	身体遭受重创	11. 一事无成	什么事都做不好
5. 恐吓欺骗	被不正当的手段导致利益受损	12. 信任危机	彼此没有信任可言
6. 病痛死亡	疾病造成的生理、心理痛苦	13. 无从下手	不知道该怎么做
7. 流言蜚语	被别人的话语和眼神中伤	14. 抱怨自己	对自己感到失望和不满

以上所提到的 14 种恐惧，会根据每个人不同的身份、经历以及所处的时间、环境等产生不同的影响，但所有的恐惧都来源于一样东西，也就是未知性。未知的恐惧，就是真正的"痛点"。

5.3.2　How：如何找"痛点"

既然知道了"痛点"是什么，那文案创作者就可以着手寻找"痛点"了，大致有两种方法可供参考。

1. 对立心理法

身份与需求的错位，形成了"对立心理"，比如成绩不太理想的学生想要考上名牌大学，专业能力普通的职员想要年入百万。诸如此类不对等的心理，往往造成了急需解决的问题，文案创作者只要顺藤摸瓜就能找到用户的"痛点"。

许多被大众接受的产品，大多都是利用这一心理，去满足不同人群的心理缺口，比如：

共享单车：既想便宜 VS 又想便捷

团购网站：既想物美 VS 又想价廉

P2P 理财：既想高收益 VS 又想不操心

这样的例子还有很多，总而言之就是两个相对矛盾的点，例如现实与理想的对立、时间与成果的对立、过去与现在的对立等，这些冲突点恰好就是我们可以利用的"痛点"。

2. 细分人群法

这个方法讲究的是"个性"，不要试图一次性覆盖所有人群，深入目标群体才是硬道理。文案从来不是给所有人看的，它只针对某一部分人。

文案创作者把受众群细分得越清晰，所抓住的"痛点"也就越准确。比如你要宣传一个在线美术课堂，该如何一步步细化受众群体，来写文案呢？步骤如下：

第一步：

细分人群：北上广深爱好绘画的人

痛点：希望提升绘画能力

文案：我们是优质的美术家教

第二步：

细分人群：北上广深刚毕业的爱好绘画的职场新人

痛点：希望在不影响工作的情况下，学习绘画

文案：课堂时间随意选，快速变身绘画人

第三步：

细分人群：北上广深刚毕业、爱好绘画却毫无基础的小白

痛点：想要学习绘画与设计技巧，为工作锦上添花

文案：0 基础，0 成本，每周 1 小时学一招绘画秘诀，每月多赚 3000 元

通过以上的例子，大家不难看出，每细分一次受众群体，文案创作者所关注的"痛点"就会随之发生改变。当文案创作者把消费者细分得越清晰，对于这一部分人群的了解也就越详细。

文案创作者在获取了更多受众群体的信息时，所谓的"用户画像"就会更加具体，那么，了解他们的"痛点"也就更简单。

总而言之，文案创作者想要快速找到用户"痛点"，无非就是从两个方面着手：首先分析消费者的心理，了解他们所处现实与内心理想的矛盾点后，再将这类人群逐步细化，深层次分析他们的需求，运用这样的方法，就能够"快准狠"地找出"痛点"。

5.3.3　What：用什么方法写"痛点"

当文案创作者找到用户"痛点"时，也就意味着一切准备工作就绪，文案写作蓄势待发。在这里为大家分享一个文案写作万能公式——"SCQA模型"。

1.SCQA 招式

"SCQA 模型"是一个"结构化表达"工具，由麦肯锡咨询顾问芭芭拉·明托在《金字塔原理》中提出，如下图。

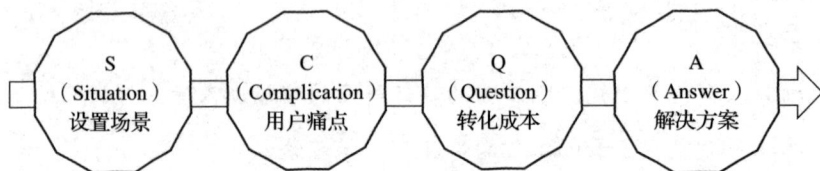

图 5-6　SCQA 模型

简单来说，"SCQA 模型"也就是大家俗称的"起承转合"。接下来我就为大家详细说明这四个步骤该如何理解。

（1）起：设置场景（Situation）

大家都知道，大脑对于文字的记忆，远不如一幅画面来得深刻。因此文案创作者在描述产品的时候，一定要设置一个大众熟悉的场景，让消费者情不自禁地把自己代入，促使他们产生更想要了解产品的冲动。

所以，文案创作者要根据产品特质，构建一个能够引起共鸣，并且产品会多次出现的高质量场景，从而达到直击消费者痛点与需求的目的。

（2）承：用户痛点（Complication）

当文案创作者构建好场景之后，根据前文提到的"如何寻找痛点"，首先分析消费者的矛盾心理，然后细分用户群体，最后明确受众群体的需求点。

（3）转：转化成本（Question）

当文案创作者把消费者带入一个高频场景中，且正好戳中他的痛点，那么他一定想要知道该如何解决这个问题，例如：我需要支出多少时间、精力和金钱？诸如此类消费者会考量的事情都是成本。

需要注意的是，用户的痛点越大，对他自身的影响越严重，那么他愿意付出的成本也就越多。

（4）合：解决方案（Answer）

文案创作者在构建了一个高频场景之后，找准用户痛点，再引导他们自觉思考成本，最后提出一个可行的解决方案。按照这个思路，就能写出效果不错的文案了。

2. 招式的运用

在了解了"SCQA 模型"之后，文案创作者需要了解如何使用这一招式，写出优质的文案。列举一个大家耳熟能详的经典案例：

得了灰指甲，一个传染俩，问我怎么办，马上用亮甲。——亮甲

起（设置场景）：得了灰指甲。

构建高频场景，对于有灰指甲困扰的消费者，这个画面一定非常熟悉。

承（用户痛点）：一个传染俩。

指出这个问题的严重性，让消费者产生担忧。

转（转化成本）：问我怎么办。

站在消费者的角度提出疑问：我该怎么办，需要支付多少成本？

合（解决方案）：马上用亮甲。

商家立即给出解决方案，通过自己提出的产品，就可以有很好的效果。

通过这个案例，大家一定对"SCQA模型"招式的运用有了更深的了解，而这个招式，还可以变换出其他三种形式，如下图：

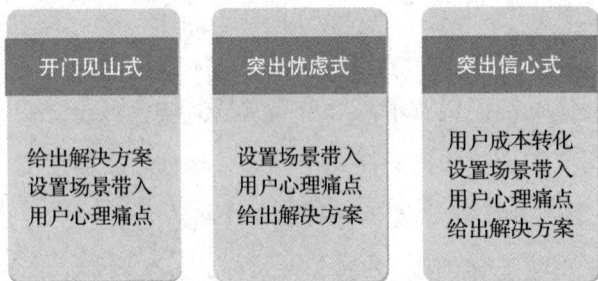

开门见山式	突出忧虑式	突出信心式
给出解决方案 设置场景带入 用户心理痛点	设置场景带入 用户心理痛点 给出解决方案	用户成本转化 设置场景带入 用户心理痛点 给出解决方案

图 5-7 "SCQA模型"的三种变化形式

以上的招式都可以灵活运用在实际的文案写作中，只要熟记"黄金圈法则"的思考模式，就能很好地切入用户"痛点"。通过分析消费者的矛盾心理，然后细分用户群，最终达到良好的"止痛"效果。

文案"加油站"

假设你的产品是手工曲奇饼干，请你根据上述内容，确定消费者的"痛点"，撰写一篇文案。

5.4 冲突：有冲突，才有共鸣

消费者之所以有需求，是因为现实和理想产生了冲突。比如消费者对外貌不满意，就有了购买化妆品的需求；要出门社交，就有了购买服装的需求；要追赶潮流，就有了购买时下最新电子产品的需求。理想和现实的冲突使消费者产生需求，并通过购买来满足这些需求。

消费者的购买行为满足以下一个基本流程，如图所示：

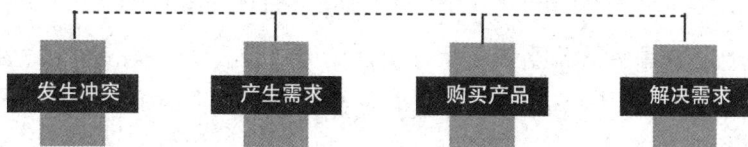

图 5-8　消费者的购买行为流程

因此，一个好的文案，不仅要给人以美的感受，还要制造冲突，引发需求，进一步促进产品的销售。

5.4.1　好文案，首先要制造冲突

消费者的日常生活都离不开"需求"二字，比如，小卖部售卖的矿泉水能够解决消费者喝水的需求；4S 店售卖的汽车，能够解决消费者出行的需求。每个商品都对应着一个或者多个需求，而需求是由冲突产生的。因此，好文案中必须要有冲突，文案写作者要学会制造冲突，并引导消费者购买产品解决冲突。现实与理想之间的冲突充斥着每个人的日常生活，所以它能够迅速引起消费者的共鸣，而且冲突越强烈，消费者的感触越深刻。下面房地产的广告案例就刻画了强烈的冲突。

故乡眼中的骄子，不该是城市的游子。——某地产广告

这个房地产广告中的"骄子"和"游子"形成了鲜明的对比。每个背井离乡的人对家庭都有一种深深的眷恋，都渴望在陌生的城市有一个自己的家。这则广告就很好地抓住了消费者的情感，制造了"骄子"与"游子"的冲突，借此传达买房的重要性：不买房安居，你永远都是一个游子。文案通过制造冲突，巧妙而隐晦地宣传了自己的产品理念。

下面某知识付费 APP 的广告案例，制造了现在与未来的冲突。

不要让未来的你讨厌现在的自己——某知识付费 APP

很多人都对现在的自己不满意，并寄希望于未来。但是，如果我们不

努力改变现状，未来也不会成为更好的自己。"安于现状"和"寄希望于未来"之间有不可调和的矛盾冲突。这则广告就很好地利用了这个冲突，激励、点拨消费者珍惜当下，从现在开始努力，成就美好的未来。文案不仅制造了冲突，还巧妙引导消费者购买和使用产品。优秀的文案要善于制造冲突，冲突越明显，越能引起消费者的关注。

5.4.2　有了冲突，该如何解决

大多数文案中运用的冲突类型都是"趋避式冲突"。所谓的"趋避式冲突"，就是对含有吸引与排斥两种力量的同一目标予以选择时所发生的心理冲突，通俗地说，就是因趋利避害的心理而产生的冲突。如果文案中的产品能帮助消费者弥补不足，或者避免风险，消费者就会产生购买产品的需求。

当生活趋于平稳和安逸时，冲突会减少，需求也会随之下降。此时，要想引发消费者的需求，就需要打破消费者目前的状态，让他们走出现有的环境，制造冲突。

那么，文案创作者该如何制造"趋避式冲突"呢？

在文案中，文案创作者可以为消费者提供两个选择，一个好的方案，一个坏的方案，基于趋利避害的心理，消费者一定会选择好的方案，销售的目的也就达到了。具体的实施步骤如图所示：

让消费者知道自己处在一个不太好的状态　　让消费者知道自己可以有一个更好的状态　　在文案中给消费者一个趋利避害的解决方法

图 5-9　制造"趋避式冲突"的三大步骤

消费者内心存在冲突——引导消费者选择好方案——给出具体的解决方法。甲壳虫汽车的广告文案，就很好地运用了这一思路。

这辆甲壳虫汽车没通过测试，仪器板上杂物箱的镀铬装饰板有轻微损伤，这是一定要更换的。或许你根本不会注意到这些细微之处，但是检查员科特克朗诺一定会。——甲壳虫汽车

甲壳虫汽车刚进入市场时，样子既丑陋也不气派，一度不被受众所看好。后来 DDB 创始人威廉·伯恩巴克亲自出手，在细节上多加把控，严格质检，让甲壳虫汽车做到精益求精。因此，相比较美国高价格、高油耗的汽车，甲壳虫汽车对细节的多加要求，使得受众改变了对甲壳虫汽车的看法，从而产生对甲壳虫汽车的需求。

当今社会瞬息万变，消费者内心的冲突也是不断变化的。文案创作者在撰写文案过程中要不断贴合受众需求。当消费者在物质方面存在冲突，文案创作者就要强调质量、性价比；如果在精神方面存在需求，文案创作者就需要打造品牌效应，灵活应变，想消费者所想。

无论是制造冲突还是解决冲突，归根结底都是为了迎合消费者的需求。因此，文案创作者要敏锐地觉察消费者心理，挖掘他们内心的冲突，引发他们的共鸣，与他们建立深刻的联系。只有这样，文案创作者的文案才能实现卖货的目的。

文案"加油站"

假设你的产品是家用熨烫器，请根据"冲突"写作技巧，创作出一篇文案吧。

5.5　口碑：打造"金口碑"，赢得消费者信任

"金杯银杯不如老百姓的口碑"，口碑是影响消费者购买的重要因素。

试想一下，你在淘宝上购买产品时，是否会通过产品详情页了解产品信息，然后再去查看其他消费者的评论？这其实也是大部分消费者网购的必经流程，由此可见，构建口碑是提升消费者对产品信任的重要途径。

因此，你在创作文案时，也可以将其他消费者对产品的评论融进文案内容之中，将产品的好口碑呈现在还未购买的消费者眼前，来证明产品的可信度，让消费者逐步信赖产品。

5.5.1 巧借"消费者证言"

如今，产品同质化严重，"毛遂自荐"的效用在迅速下跌。"自卖自夸"已经无法俘获消费者的心，引用其他消费者的证言，更容易获得消费者的信任。

优质评论是消费者证言的一种，是产品品质的最佳证明。在挑选优质评论时，要采用能够让消费者感同身受并瞬间提起兴趣的评论，而哪些平淡粗浅的评论只会适得其反。例如，某文案创作者为自己的保湿水产品挑选的消费者证言：

我以前皮肤干燥，长期用了这款产品后，问题解决了，我很开心！

这样的消费者证言明显无法让消费者信服，如清汤寡水，无法在消费者心中激起半分波澜，没有肾上腺素飙升，也没有心头一热。

能写进文案的消费者证言，必定能够击中消费者的核心需求。例如，奥斯汀轿车用消费者证言创建的文案内容如下：

我用驾驶奥斯汀轿车省下的钱，送儿子到格罗顿学校念书。

这篇文案并没有直接列举轿车性能、优势所在，而是从教育、节省的角度去创作，这不仅符合一位父亲的真实心理，还是广大家庭的真实写照，更易获得消费者的信任。

再例如，某私家牙医诊所在美团上设置了种牙美团服务，其中有这样一条消费者评论：

有了种植牙，啃排骨吃猪蹄完全不在话下。

这一评论抓住了消费者希望解决牙齿不健康、松动、缺牙问题的痛点，文案创作者将其作为消费者证言，融入到文案之中，最终的文案呈现为：

装上种植牙，我能啃排骨吃猪蹄。

直接表明种植牙技术好、质量高的特点，让消费者产生信任之感。

优质的消费者证言不仅包括消费者的评论，还包含站在消费者角度提出的证言。依旧以奥斯汀轿车的消费者证言文案为例；

亲爱的读者们，您可能会觉得我们这位外交官先生太夸张了吧。其实不然，根据下面的事实您可以自己算一算：

您现在只要花 1795 美元（包括 250 美元的额外配件）就能买到新款的奥斯汀默塞特豪华车，非常合算。

英国的汽油价格是每加仑 60 美分，因此我们要研制出更省油的车，新款奥斯汀车每加仑油可以跑 30 英里，如果开得慢一点更省油。

……

这种从消费者角度出发的文案，直接抓住了消费者的痛点——"钱"，让其他消费者在看见文案时，感受到真正是为了自己好，而不是单纯为了销售，进而产生购买欲望。

5.5.2　及时总结，展示优势

每一个人都是社会的产物，都会或多或少地受到其他人的影响，从而产生从众心理。你在创作文案时，也可以利用消费者的从众心理，与消费者建立信任。

其中，最有效的方式便是在文案中总结消费者的购买情况，即产品的销售情况。让其他消费者了解有许多人都已经买了这款商品。在从众心理的影响下，消费者会产生"有这么多人购买，这款产品肯定很好"的想法。这样的文案最典型的便是香飘飘奶茶的"一年卖出三亿多杯，杯子连起来能绕地球一圈"。

你在创作文案时，也可以将年销量、月销量融进去，向消费者展示你的产品优势。假设你的产品是口红，你可以根据销量，创作出这样的文案：

××口红，天猫"双11"日销量top×，你值得拥有！

虽然看起来平淡无奇，但用销量直接为自己的产品证明，这比那些虚头巴脑、装腔作势的文案效用大得多。这样的文案会让消费者产生这样的想法：这款产品卖得如此火爆，一定很好用！从而增加消费者对产品的信任。

消费者购买情况除了产品的销量，还包括消费者在购买产品之后，对产品的认知与体验。这些也可以成为产品品质的证明。例如，某洗碗机经销商的文案：

有76780个家庭，用了都说好！

"用了都说好"便是消费者对产品的购买体验，直接用大部分消费者的产品体验，来增加消费者对产品的认可度。这里的购买体验，不能是单独消费者的体验，而是具备代表性的，或者绝大多数消费者的购买体验。这样才能唤起消费者的从众心理，提升文案的转化率。

《广告狂人》中的主角唐·德雷柏曾说："广告就是建立在一件事情上：幸福感。幸福感是什么？是新车的气味，是无所畏惧的自由，是尖叫和惊叹，是向你保证，无论你做什么都是没问题的。"消费者证言类文案就是要告诉消费者："买它！没有问题！"

无论是哪种消费者证言，都有一个特征，那便是口语化，没有华丽的辞藻堆积。例如，在描述护肤品时，不会说"熬夜肆无忌惮"，而是会用"感觉还年轻，感觉皮肤扛得住"；在描述化妆品的使用效果时，不会使用"做自己的女王"，而是会用"很有气色"……

由此可见，你在用消费者证言创作文案时，要注意语言文字的表达，要接地气，并懂得击中消费者的痛点。否则，很容易便被消费者看穿，"金口碑"的信任桥梁就会构建失败。

文案"加油站"

　　假设你的产品是花西子口红，你可以在哪些平台寻找优质评论？你可以找出的优质评论有哪些？随后，再根据这些消费者证言，创作出一篇说服力超强的文案吧。

第6章
用故事来打动人心，快速卖断货

　　文案的本质是沟通，而人天生喜欢听故事，因此，讲故事也是极有效的沟通方式。一个好的文案故事是有穿透力的，它可以像"针"一样"扎"进消费者内心，调动起消费者的情绪，从而让消费者产生情绪投射。

6.1　故事型文案的四大特点

再辞藻绚丽的语言也不及一段故事更能打动人心。广告理念通过故事引出来既不突兀，也能让人会心一笑，这就是故事文案的魅力。那么故事文案的优势体现在哪些方面呢，这里给大家总结了故事型文案的四个特点。

图 6-1　故事型文案的四大特点

6.1.1　代入感很强

人为什么喜欢听故事呢？因为通过听故事大家可以体会到不同的人生际遇，领略到不同的价值观，感触作者的内心世界。好故事可以让大家带入自己的情感，把自己当成故事中的主人公，让自己的情绪随着故事情节跌宕起伏，时而高兴时而悲伤。

百岁山的文案就呈现出了一个带入性很强的感人故事。一位老人拿着百岁山在民巷中穿行。老人走累了停下来休息，把矿泉水放在一个方凳上。带着卫队出巡的公主看到了老人和矿泉水，下车向老人走去，并抢先一步拿起了矿泉水，老人与公主相视一笑。最后公主在车上深情回望老人。

这个故事是根据真实事件改编的，讲述的是 52 岁的数学家笛卡尔与18 岁瑞典公主克莉丝汀的跨世纪爱情。

在原来的故事中，笛卡尔给公主的并不是百岁山矿泉水，而是一封情书，情书中写着著名的"心形线"方程，这封情书现收藏于欧洲笛卡尔博物馆中。百岁山故事中的那瓶矿泉水，就像这封情书一样，寓意浪漫和经典。

故事中的凄美爱情充分调动起读者的情绪，并让他们带入自己的情感，为公主和笛卡尔的爱情故事而感动。而且，百岁山的故事并没有给出前因后果，而是通过制造悬念，引导读者自己去探寻产品背后的真实故事，进一步渲染了百岁山的产品形象。

生动的故事有很强的代入感，能调动读者的情感，让读者通过故事对品牌产生信任感。这就是故事文案的一大特点。

6.1.2　要以小见大

故事文案在撰写过程中不能泛泛而谈，要定位到一个点上才能抓住产品的核心精神。总的来说，就是要"以小见大"。

例如电影的拍摄，作为祖国 70 周年华诞的献礼片，《我和我的祖国》就充分体现了"以小见大"这个观点。该片虽然由七个导演联合执导，分为 7 个单元，但在立意上都是由小人物的故事来体现爱国精神的。这些小人物有天安门广场旗杆设计者林治远；国防科技战线上的无名英雄；弄堂里观看女排夺冠的乡里乡亲；迎接香港回归的升旗手等。他们都是小人物，但都是一个时代的缩影。无论是哪个时代的受众都有一份记忆，这样的设计能引发受众的情感回忆，以小爱展现大爱。

不仅是电影，哲理故事也是"以小见大"，蕴含着深刻的寓意。例如：一只鹰坐在高高的树上休息，无所事事。一只小兔子看见鹰并且问它："我能像你一样坐着，什么都不干吗？"鹰回答："行啊，为啥不行？"于是，兔子坐在鹰下面的地上休息。突然，一只狐狸出现了，它扑到兔子身上把它吃掉了。这个故事表达的寓意是，要想坐得安稳，你就必须足够强大。故事很简单，却很有深意，蕴含着丰富的人生哲理。

不仅是电影和哲理故事，文案的写作同样也要以小见大，从小的点切入，赋予其深厚的情感，吸引受众注意力。

如农夫山泉的广告文案：

我们不生产水，我们只是大自然的搬运工。

中国的矿泉水品牌众多，农夫山泉能占有较大的市场份额，广告文案也起到了重要的作用。文案采用了"以小见大"的方法，通过小人物的事迹来宣传产品形象，例如广告词"我们只是大自然的搬运工"，讲述的是农夫山泉的工人徐忠文在二十年内一直坚守在岗位上，守住水源源头安全，保障受众用水安全的故事。

农夫山泉的故事文案能获得成功，就是因为它能"以小见大"，以小的点切入，宣传大的产品形象。通过宣传工人的小事迹，来提升产品安全可靠的形象。因此，故事文案在创作的过程中，要紧抓核心点，找好产品定位。以小人物的故事宣传产品形象，让受众产生信任感，进而引发受众对产品的需求。

6.1.3　要有人、有情感

俗话说，有景有人有故事，一个好的故事离不开人物的塑造。人是情感动物，形形色色的人演绎了各式各样的人生故事。所以，有人才有故事，有人才有情感。故事文案中的情感表达，往往是通过人物的具体行为展现出来的。

无论是电影还是电视，营造有血有肉的人物形象，都会在细节上下功夫。比如著名导演张艺谋的《金陵十三钗》，电影中的"十三钗"和大学生是两个十分对立的群体，但在面对侵略者时，他们却摒弃偏见，互相帮助。这些举动让人物形象更加有血有肉，故事也变得有情感。所以故事文案的创作离不开人物和情感的表达。

要想人物有血有肉，就需要"接地气"，以小的事情来迎合受众情感。例如，上海山美环保装备股份有限公司在宣传企业形象时，就通过董事长杨安民从技术员做起，历任工程师、技术科长、总工程师等多个技术专岗的艰难历程来展现企业艰苦创业的形象，杨安民的个人故事也体现了企业的核心精神。可见，一个人物故事在很大程度上能成就一个企业。

有血有肉的文案故事也离不开人物，比如感恩节那天，999 感冒灵发布了一则广告文案：

《有人偷偷爱着你》

每个人都自顾不暇

没有人会在意你的感受

每个人都小心翼翼地活着

没有人在乎你的境遇

行色匆匆的人群里

你并不特别也不会受优待

你的苦楚

不过是别人眼里的笑话

人心冷漠的世界里

每个人都无处可逃

可是

这个世界就不会好了吗

拒绝卖杂志的大叔

是为了阻止小偷的动作

拦路的交警

帮忙盖上了有安全隐患的油箱盖

大叔借口要走楼梯

却主动给外卖小哥让了位置

拍下醉酒女孩照片的男子

是为了向民警告知具体情况

外表凶悍的车主其实嘴硬心软

在网络上求问动脉位置的轻生女孩

收到的却是一群陌生人的"爱意"

这个世界没有想象中的那么好

但似乎……也没那么糟

致生活中那些平凡的小温暖

这则文案通过一些戏剧化的场景，塑造了一幅丰满生动的人物群像，给人带来了满满的感动。故事文案一大特点就是通过小人物的故事来走进消费者的情感世界，从而促进产品的销售。

6.1.4　能让人产生共鸣

每个人对情感的表现都是不同的，比如说，同样看一部电视剧，有的人潸然泪下，有的人无动于衷。这是因为每个人的情感体验不一样。只有当这个故事和自己的内心产生共鸣时，消费者才会有所感触。而好的故事总是能与大多数人产生共鸣。

因此，故事文案的创作一定要紧抓消费者的内心，与消费者产生一种心理共鸣。这样才能有效传播产品形象。

比如苏菲的广告文案：

那几天，一动就会很担心。一有大动作就要喊停吗？苏菲弹力贴身有柔软弹力吸收体，能填补缝隙，柔软贴合身体。不怕渗漏更安心，自由做自己。苏菲弹力贴身，舒适你的心扉。

这则文案完全站在女性消费者的立场，第一句话就能够引起强烈的共鸣。看了这则文案的女性消费者们会觉得这个产品很懂我，进而产生购买欲望。

还有南方黑芝麻糊的广告：

小时候一听见芝麻糊的叫卖声，我就再也坐不住了。一缕浓香，一缕温暖——南方黑芝麻糊。

这则广告有很强的怀旧气息，能勾起很多消费者的乡愁与回忆，让消费者感到温暖和亲切。南方黑芝麻糊的广告能起到这么好的宣传效果，就是因为它和消费者之间产生了共鸣，找到了符合消费者内心的情感诉求点。

通过分析故事文案的特点，你可以发现，故事一直在强调品牌和消费者之间的联系。要想广告的宣传效果好，一定要贴合消费者的物质和精神需求，并从中找到切入点。

文案"加油站"

在生活中，你还看到过哪些好的故事文案，请将它们摘抄下来，参考其写作手法，然后自己再创作一篇故事型文案。

6.2　写好文案故事的五大步骤

要写好故事型文案，首先要了解品牌理念，然后再将它通过故事展现出来。通常来说，故事型文案更便于消费者记忆和传播，能够有效提高产品的知名度和影响力。

比如，一个旅游景点的建设，不能只是单纯地增加景点项目，还要有自己的宣传点，可以通过讲一个故事，使景点变得与众不同。如果你经常旅游，就不难发现，几乎每个著名景点都有一个属于自己的传说或故事。

故事文案实质上是通过故事来和消费者进行沟通，让消费者产生参与感和代入感。讲故事的方法，能够更有效地传播产品理念，受众也比较容易接受和理解。

那么，撰写故事文案的步骤有哪些呢？

图6-2　撰写故事文案的四个步骤

6.2.1　定位目标消费者

要想通过讲故事的方法把产品卖出去，首先就要定位目标消费者，还要明确消费者的想法，使消费者能够接受故事所传达的产品理念。

比如说，卖学习机就要讲学生的故事，卖卫生巾就要讲女性的故事。总的来说就是要贴合目标受众的需求点，加深彼此之间的沟通与联系。RIO鸡尾酒的受众定位是白领和学生群体，所以它的文案比较贴合年轻人的需求。

回完她的信息，你的视线回到电脑屏幕上还没做完的方案，可心里却开始盘算，要赚多少钱，才能够给她承诺的那个家？"嗯，会有那么一天的。"你告诉自己，伸展了一下关节，你开始了今晚加班的下半场。

想要在酒类市场上打下一片新天地，RIO需要积极寻求新的目标消费者。中国有很多高级白领和学生，这部分人是不怎么会喝酒的，这就是RIO企业潜在的消费者。

所以，RIO品牌把目标受众定位在白领和学生阶层，不光以清新的口味和漂亮的外观吸引一大波年轻消费者，连广告文案也积极讲年轻人的故事，用"加班""成家"等年轻人的生活和烦恼来引发他们的情感共鸣。所以，撰写故事型文案一定要定位目标受众，才能有效地传播产品形象。

6.2.2　塑造故事核心点

故事文案的类型有很多，比如励志的、抒情的、创业的、文艺的，等等。无论是哪种类型的文案，其核心都是要围绕着消费者的需求出发。企业要积极和消费者沟通，理解消费者的诉求，在此基础上打造产品的核心点。只有站在消费者的角度，才能达到打动消费者、提升产品销量的目的。

这里举例"江小白"的励志文案：

致青春

有时候，我们做错事，

是因为该用脑子的时候却动用了感情。

有时候，我们说错话，

是因为该喝饮料的时候却喝了江小白。

不做错事，不说错话，

青春白走一回。

江小白的故事文案就一直强调"励志"这个核心点。年轻人都有犯错的时候，没什么大不了，这就是青春。江小白的文案描绘了年轻一代的情感故事，符合现代年轻消费者的价值理念，抓住了消费者的痛点，与消费者之间形成了情感互通，营造了"江小白"有情怀、励志的企业形象。可见，故事文案的创作需要塑造好故事核心点。

6.2.3　抓住品牌定位

上文中说到了目标受众定位，接下来文案创作者需要做的就是考虑品牌定位。一个品牌是走高端路线还是大众路线，要有一个清晰的定位。产品有了定位，文案也就有了调性。

这可以吗？妈妈哪儿去了？她在别的地方，她很放心地不去管他。小孩子很快活。他舀出了牛奶再把那些金黄的玉蜀黍片用调羹盛进去。

看起来他认为那些东西很好——它们发出沙沙的声音。他吃起来嘴里很舒服——既脆又薄。它们风味绝佳——一种甜甜蜜蜜的味道，这使他举起羹勺。凯洛格玉蜀黍片对小孩和大人都有引起食欲的力量，它已经有50年以上的历史。

当洛克威勒替我们画这个小孩的时候，这就是他想努力捕捉的人。也许这会唤起你去查看你所储藏的凯洛格玉蜀黍片的想法。你知道它会怎样——一旦你有了一满包，你会做的下一件事，就是把玉蜀黍片都吃光了。——凯洛格玉蜀黍片

这则非常"接地气"的故事型文案不仅从侧面展现了"凯洛格玉蜀黍片"品牌"好吃"的特点，也展示了品牌的底气和自信，让消费者印象深刻。

所以故事型文案的创作一定要有清晰的品牌定位，才能加深受众对产品的印象，促进产品的销售。

6.2.4 打造文案的精锐度和穿透力

一则好的故事型文案并不是各个要素都要具备，但一定不能缺乏精锐度，即故事最精锐的部分，便于消费者的理解和传播。同时要有穿透力，能够突出品牌特性，聚焦消费者的目光。例如：

从前我喜欢一个人，现在我喜欢一个人——VIVO手机

VIVO的这则故事型文案，就向消费者展现了一个爱情的故事，既简洁精锐地表达了"爱情"这个关键词，又突出了VIVO品牌所走的"情感路线"。再例如：

嘿！这是你的益达！不，是你的益达！——益达口香糖

当年被当作广告文案典范的益达广告，其成功不是没有道理的。这

则文案向消费者展现了两个年轻男女之间对话的故事场景，在向观众表达"益达"这个关键词的同时，还会让观众不禁联想到这则故事的后续发展，可谓"一箭双雕"。

由此可见，对于文案创作者而言，有时候"浓缩就是精华"，一句话的故事型文案带来的文案效果也是极好的。因此，文案创作者可以通过打造文案的精锐度和穿透力来抓住消费者的眼球。

故事型文案的创作是有方法可依的，但最重要的是围绕消费者需求进行创作，加强品牌和消费者之间的联系，扩大品牌影响力。

文案"加油站"

假设你的产品是新款苹果手机，请根据上述五大步骤来创作一篇故事型文案。

6.3　让文案故事更具吸引力的五大招式

一个好的故事，足以让人"上瘾"。

据说很久以前，有位国王性情残暴，每日娶一女子，翌日清晨杀掉。一个名叫山鲁佐德的少女，用讲故事的方法吸引国王，每夜讲到精彩处，天就刚好亮了，国王便允她下夜继续讲。她的故事讲了一千零一夜，终于感动国王，与她白首到老。于是，就有了被誉为世界民间文学史上"最壮丽的一座纪念碑"——《一千零一夜》。

由此可见，故事是一种高明的沟通方式，而文案的本质，就是沟通。

接下来，我将为大家介绍文案故事写作的五大招式。

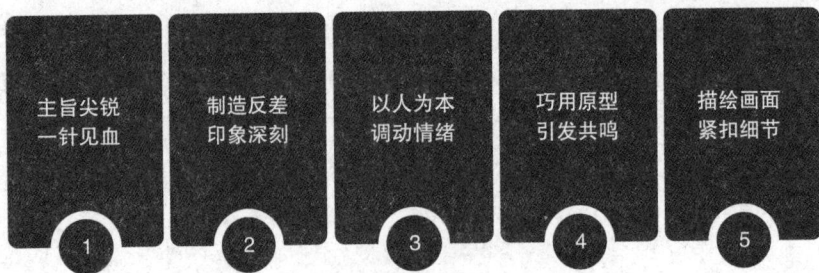

1	2	3	4	5
主旨尖锐 一针见血	制造反差 印象深刻	以人为本 调动情绪	巧用原型 引发共鸣	描绘画面 紧扣细节

图 6-3　文案故事写作的五大招式

6.3.1　第一招：主旨尖锐，一针见血

一个好的文案故事，要像一根针一样尖锐，直戳受众群体的内心，也就是大家俗称的"扎心"。想要达到这种效果，必须将文案的重心聚焦到某一个点上，针对最尖锐的部分进行深刻剖析。例如"金沙云庭"的地产文案《还以为，早已看透了前四十年的你》：

别否认。

二十年前，我们本是一人。

谁想，点支烟，你就全忘了。

忙着：早九晚五，酒足饭饱，娶妻生子。

从此四十不惑。

嘿，听说了吗？

矮屋檐，空院落，爬山虎下的黄昏少年，

那只飞走 20 年，贪玩又自由的风筝，

它，回来了。

来吧，老朋友。

在金沙云庭，重回故事里。

这篇文案直指年过四十的中高产阶级，他们大多事业有成，结婚生子，为了追逐那些想要得到的东西，是否早就把曾经纯真的自己遗失了呢？这也许是很多人经历过或者正在经历着，却又不愿承认的事情。

　　如此扎心的事实戳动了很多人的内心，由此可见，选择一个深刻的主旨，是写好文案故事的一大关键要素。

6.3.2　第二招：制造反差，印象深刻

　　大家在生活中常常会不自觉地将事物进行对比，因此，在故事中制造"反差"，非常符合人们的记忆习惯，让消费者印象深刻。这对于文案故事尤为重要，它常常会成为一个关键的"记忆点"。例如淘宝女装店"步履不停"的文案：

　　你写 PPT 时

　　阿拉斯加的鳕鱼正跃出水面

　　你看报表时

　　梅里雪山的金丝猴刚好爬上树尖

　　你挤进地铁时

　　西藏的山鹰盘旋云端

　　你在会议中吵架时

　　尼泊尔的背包客端起酒杯坐在火堆旁

　　有一些高跟鞋走不到的路

　　有一些喷着香水闻不到的空气

　　有一些在写字楼里永远遇不到的人

　　这篇文案中设计了几个鲜明的反差点，告诉你当你在办公室辛苦工作时，世界上正发生着无数有趣的事。通过这样的对比，让消费者心中瞬间产生落差感，就算消费者无法记起全文，但一定会对文中提到的某一个"反差点"印象深刻。

6.3.3 第三招：以人为本，调动情绪

能够直达人心的文案，永远是围绕"人"本身，通过讲述一个富有感情色彩的故事去感染更多人。"蚂蚁金服"常常使用这个"套路"，一起来看以下这个案例：

01:26，日本东京

"深夜，一个人走进东京街头的便利店，

看到熟悉的支付宝，恍如身在北京。"

——张孟超，31 岁，IT 工程师

这是一个典型的传统故事写作方式，虽然只有短短几行字，却涵盖了时间、地点、人物和事件。

看完这篇文案，消费者可以想象一位刚刚加完班的 IT 工程师，在凌晨的东京街头拖着疲惫的身子，随手拿了一袋面包准备赶回家补觉，却在结账时看到了熟悉的支付宝标志，瞬间觉得自己回到了北京，浓浓的乡愁油然而生。

这则文案围绕人的"情绪"展开话题，把独在异乡的孤单与愁苦展现在消费者面前。简单的几句话就渲染了一个落寞的氛围，消费者的情感由此被调动起来，从而产生了强烈的、非理性的情绪反应。

最终，消费者因故事而产生的认同感，同时也会促使他不自觉地对产品产生好感和信任，这也就达到了文案创作者写作的目的。

6.3.4 第四招：巧用原型，引发共鸣

当大家看完一部感触颇深的电影之后，如果片尾出现了一行这样的字——"该片由真人真事改编"，你的内心是否会更加震撼？

这些故事本身已经足够扣人心弦，但更让人感到震惊的是这些角色竟然是真实存在、活生生的人。因此大家会情不自禁地对此怀有敬畏，引发

内心的向往与共鸣，文案写作也是同样的道理。New Balance 以李宗盛为人物原型，打造的走心文案《每一步都算数》，就是个很好的例子：

想我在香港的那些年

唯一练就的本事

也许就是能在精品店里

驻足良久 似就要掏钱

却面无愧色 逦逦然走开

这个城市太快

要是不小心

连感情都可能变得浮光掠影

在这样一个自豪于效率速度的地方

深刻隽永

是不是更为珍贵呢

如果真的是这样

那么那些在九龙塘、对衡道、花圃街、法院道

那些隐匿在工厂大楼狭窄巷弄

当中的录音室里面留下的歌

一下子就有了意义

人们在实现理想的路途中从来都不是一帆风顺的，因此，这篇文案把家喻户晓的人物原型——李宗盛，作为故事主角，讲述了他曾经的坎坷历程，也就引发了消费者的思考与共鸣。

俗语说"纸做的花儿不结果，蜡做的心见不得火"，真实往往更可贵。在文案中诉诸真实，可以让消费者感受到你的产品是真实有效的，不是胡乱地赋予价值而"吹捧"出来的、毫无用处的产品。

例如，杜蕾斯曾经采访了 100 位有着失败婚姻的人，并将其整理，打造成自己的文案，名为《100 位离婚人士给出的百条婚姻忠告》，其中部

分内容节选如下：

我离婚是因为他每次冲马桶都不盖马桶盖。去民政局散伙的时候，我发现那天大部分一样去离婚的人，都是像我们这样因为一些鸡毛蒜皮的小事。好吧，这是小事，但我不后悔。所以，如果你们每次都因为小事争吵，最好在当天彻底解决它，否则它会让你们这个婚姻有限责任公司彻底散伙。

因为鸡毛蒜皮的小事而争吵，几乎是每对夫妻都经历过的事情，这是大部分消费者真实生活的写照。在看见这样的文案之后，不禁会思考自己是否尽快解决了夫妻之间的矛盾。

这篇故事型文案有 100 条，几乎没有涉及到产品，似乎只是在向消费者分享过来人的经验与感悟。实则在具体的内容涉及到夫妻关系的维护中，与其产品有微妙的关联。这种关联让消费者更容易自己说服自己去购买产品。

当然，如果你的产品还是名不见经传的"小透明"，则需要在文案中点名产品，否则容易"为他人做了嫁衣裳"。

例如，我曾经路过一家 × 麻辣烫店，该店仿照大众点评美食节的文案，创作出了如下的文案：

× 家麻辣烫的碗很大，

我吃了三碗，顺便喝完了汤。

老板问，你还要吃吗？

我摇摇头说，不吃了，

我妈妈说吃八分饱就够了。

即便美味，也要克制。

这家麻辣烫店身处夜市，文案贴在行人最多的地方吸引消费者进店。消费者看见这样的文案后，会忍不住想要进店去品尝能够考验"自制力"的麻辣烫有多好吃。

真人真事就是与生活贴近的小事，它可以没有动人心弦的故事，但一定要是消费者真实生活的写照，才能突破消费者的心理防线，与消费者建立信任的桥梁。

6.3.5　第五招：描绘画面，紧扣细节

为什么"鬼故事"会让人毛骨悚然？因为它通常会在你的脑海中构建一个逼真的场景，通过描述事物的细节渲染恐怖氛围，让你仿佛置身其中。

人的大脑通常对于文字的记忆比较有限，而对于可视化的图像印象深刻，当人们根据你的描绘有了想象空间，就会更快速准确地接受信息。因此，一个好的文案故事，需要具备让人熟悉的"画面感"。比如印度文案大师弗雷迪·伯迪的文案《孤独像关节炎一样痛》，内容如下：

露出笑脸会花掉你多少时间？半个小时。

三块自家做的蛋糕。

自家采摘的花朵。

你男朋友的一张照片。一个长途电话。

模仿一下德夫·阿南德（印度演员）。问一些问题。

读一篇小说。听一个故事。

星期天早上出其不意的拜访。遛狗。

换一个灯泡。讲一个笑话。

征求一下他的建议。给他一些建议。

闲聊、笑、聆听。

你只要花一点儿时间陪陪老人就够了。

"孤独"是一个抽象的词，它是一种感觉、一种情绪，一个"只可意会，不可言传"的概念。想要把它描述出来，最好的方式就是增添画面感。

当"孤独"像"关节炎一样痛"时，你一定就会突然想到关节炎发作时膝盖隐隐作痛、手脚酸麻难耐的画面。这时，"孤独"就不再是抽象的概念，而是一种真切的疼痛。

这篇文案的主旨是"关爱孤独的老人"，因此在具体的内容里，他为大家描绘了该如何做，比如："三块自家做的蛋糕，自家采摘的花朵""星期天早上出其不意的拜访，遛狗"……这些细节的描述都营造出了温馨的家庭氛围，让人通过这些文字，就能想象到在做这些事时，老人脸上露出的笑容。

可见，故事文案的写作，一定离不开场景的构造和画面的描绘，而这一切都来源于对细节的把控。越是注重细节的语言，也就越逼真，越能让人无法忘怀。

将文案写成故事，用故事打动人心，这是文案故事创作的宗旨。

总而言之，选择一个尖锐的主旨，设定一个有反差的形象，围绕"人"来调动人的情绪，善用引发共鸣的人物原型，紧扣细节塑造画面。运用这五大招式进行创作，文案创作者更容易写出具有传播性和话题性的优质文案故事。

文案"加油站"

虽然文案写作与小说创作不同，无需完整庞大的剧情体系，但仍然需要注重很多方面。例如：是否有传播力、是否有趣味性、能否扣人心弦、能否引发共鸣……这些都是文案创作者需要掌握的技巧。

6.4 优化文案故事的两大口诀："简"和"意"

文案创作者若想让写出来的故事更完美、更能打动人心，就需要在已有的文案故事上做一些适当的优化。在这里，给大家提供两大口诀——"简"和"意"。"简"指的就是"简单"，"意"指的就是"意外"。

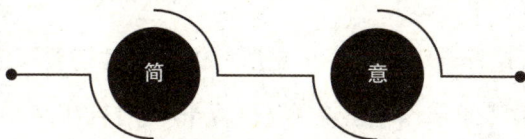

图 6-4　优化文案故事的两大口诀

那么，这两大口诀应该如何去实现呢？

6.4.1　口诀一："简"

我们童年时都看过一些深入人心的童话故事，如《丑小鸭》《白雪公主》《灰姑娘》等。若仔细观察，你会发现，这些故事之所以能口耳相传，是因为它们都比较容易理解。由此可见，文案创作者想要优化自己的文案故事，就需要将难懂的信息用"一个熟悉的事物"来模拟简化。

具体的操作方法主要分为以下两种：

1. 简化语句信息

要想文案故事变得简单和更容易理解，对于文案创作者而言，最简单的方法就是简化文案故事的语句信息。简言之就是把"婆婆妈妈"的复合句换成"通俗易懂"的简单句。例如，当年苹果公司的创始人乔布斯发布 iPod 的时候，就将其文案故事简化成一句话：

iPod 就是口袋里的 1000 首歌。

这句故事型文案告诉消费者：关于 iPod，消费者不用在意它有多大、多重，消费者只需要知道这款产品能将 1000 首歌放进牛仔裤口袋里，能轻松带着走。可以看到其句式就是最简单的"×××就是×××"。也正是因为乔布斯这次的经典一"简"，让 iPod 成为了划时代的热销商品。

因此，文案里的故事，不一定是几段长文字，有时候精简一下，比如抓住故事的关键信息、减少一切不必要的文字、采用特定句式，会让文案故事变得更加通俗易懂。

2. 取舍情节

大家需要有这样一种观念：不是所有的情节都需要写进故事当中。一个故事通常分为三部分——建置（故事背景）、对抗和结局。其中"对抗"这个部分的情节是可以取舍的。在这个过程中，文案创作者需要思考什么情节对于故事观感是加分的，什么是扣分的。那么，具体怎样取舍情节呢？

下面，我以德芙巧克力的故事文案为例，来给大家做一下分析。先一起来看一下故事的原型：

1919 年的春天，卢森堡王室。后厨的帮厨——莱昂整天都在清理碗碟和盘子，双手裂开了好多口子，当他正在用盐水擦洗伤口时，一个女孩走了过来，对他说："你好！很疼吧？"这个女孩就是后来影响莱昂一生的芭莎公主。两个年轻人就这样相遇了。因为芭莎只是费利克斯王子的远房亲友，所以在王室里地位很低，稀罕的美食——冰淇淋，轮不到她去品尝。

于是莱昂每天晚上悄悄溜进厨房，为芭莎做冰淇淋。芭莎教莱昂英语。情窦初开的甜蜜萦绕着两个年轻人。不过，在那个尊卑分明的保守年代，由于身份和处境的特殊，他们谁都没有说出心里的爱意，默默地将这份感情埋在心底……

20 世纪初，为了使卢森堡在整个欧洲的地位强大起来，卢森堡和比利时订立了盟约，为了巩固两国之间的关系，王室联姻是最好的办法，而被选中的人就是芭莎公主。一连几天，莱昂都看不到芭莎，他心急如焚。终于在一个月后，芭莎出现在餐桌上，然而她整个人看起来异常憔悴。

莱昂在准备甜点时，用热巧克力写了几个英文字母"DOVE"，是"DO YOU LOVE ME"的英文缩写。他相信芭莎一定猜得到他的心声，然而芭莎发了很久的呆，直到热巧克力融化。几天之后，芭莎出嫁了。

一年后，莱昂离开了王室后厨，带着心中的隐痛，悄然来到了美国的一家高级餐厅。这里的老板非常赏识他，把女儿许给了他。时光的流逝，事业的平稳，还有儿子的降生，都没能抚平莱昂心底深处的创伤。他的心事没有逃过妻子的眼睛，她伤心地离开了。莱昂此后一直单身带着儿子，经营着他的糖果店。

1946 年的一天，莱昂看到儿子在追一辆贩卖冰淇淋的车，记忆的门顿时被撞开。自从芭莎离开后，莱昂便再也没有做过冰淇淋。这次莱昂决定：继续那未完成的研究。经过几个月的精心研制，一款富含奶油、同时被香醇的巧克力包裹的冰淇淋问世了，并被刻上了四个字母：DOVE。德芙冰淇淋一经推出就大受好评。

而正在此时，莱昂收到了一封来自卢森堡的信，信是一个同在御厨干活的伙伴写给他的，莱昂从信中得知，芭莎公主曾派人回国四处打听他的消息，希望他能够去探望她，但却得知他去了美国。由于受到第二次世界大战的影响，这封信到莱昂的手里时，已经迟到了一年零三天。莱昂历经千辛万苦终于打听到芭莎。

芭莎和莱昂此时都已经老了，芭莎虚弱地躺在床上，曾经清波荡漾的眼睛变得灰蒙蒙。莱昂扑在她的床边，大颗大颗的眼泪滴落在她苍白的手背上。芭莎伸出手来轻轻地抚摸莱昂的头发，用微弱到听不清的声音叫着莱昂的名字。芭莎说，当时在卢森堡，她非常想念莱昂，以绝食拒绝联姻，被看守一个月，她深知自己绝不可能逃脱联姻的命运，何况莱昂从未说过爱她，更没有任何承诺。

在那个年代，她最终只能向命运妥协，离开卢森堡前她想喝一次下午茶，因为她想在那里与莱昂作最后的告别。她吃了他送给她的巧克力冰淇淋，却没有看到那些融化的字母。听到这里，莱昂泣不成声，过去的误解终于有了答案。但一切都来得太晚！三天以后，芭莎离开了人世。莱昂听佣人说，自从芭莎嫁过来之后，终日郁郁寡欢，导致疾病缠身，在得知他离开卢森堡并在美国结婚后，就一病不起。

莱昂无限悲凉，如果当年那冰淇淋上的热巧克力不融化，如果芭莎明白他的心声，那么她一定会改变主意与他私奔。如果那巧克力是固定的，那些字就永远不会融化，他就不会失去最后的机会。莱昂决定制造一种可以保存更久的固体巧克力。

经过苦心研制，香醇独特的德芙巧克力终于制成了，每一块巧克力上都被牢牢刻上"DOVE"。莱昂以此来纪念他和芭莎那错过的爱情，它苦涩而甜蜜，悲伤而动人，如同德芙的味道。

故事是令人感动的，但作为产品的故事型文案而言，篇幅过长。在有些情节上，文案创作者可以适当地做些修改，如下：

1919年的春天，卢森堡王室后厨莱昂和芭莎公主在厨房相遇，当时莱昂正在厨房用盐水清洗伤口，芭莎公主看到之后关心了一下他的伤势，莱昂很感动。后来，莱昂经常为芭莎公主做冰淇淋吃，两人一边吃冰淇淋一边谈着往事，在那个尊卑分明的年代，他们只是默默地将这份感情埋在心底。

不久后，芭莎公主被选中和盟国比利时联姻。一连几天，莱昂都看不到芭莎，他心急如焚。终于在一个月后，芭莎出现在餐桌上，然而她已经瘦了一大圈，整个人看起来很憔悴。莱昂在准备甜点的时候，在芭莎的冰淇淋上用热巧克力写了几个英文字母"DOVE"，这是"DO YOU LOVE ME"的英文缩写。结果热巧克力融化了，芭莎也没看见那上面的字母。

几天之后，芭莎出嫁了。一年后，忍受不了相思的折磨，莱昂离开了王室后厨。结婚、生子，平静的生活都不能抚平莱昂心底深处的创伤，他始终不能忘记芭莎，他的妻子也因此伤心地离开了。

后来莱昂和芭莎终于相见，虽然两人互表心意，解除了过去的误会，但一切都太晚了，芭莎三天后就离开了人世。为了弥补过去的遗憾，莱昂决定制造一种固体巧克力。

经过几个月的精心研制，一款被巧克力包裹的冰淇淋问世了，并刻上了四个字母："DOVE"。

当情人们送出德芙，就意味着送出了那轻声的爱情之问：DO YOU LOVE ME？那也是创始人在提醒天下有情人，如果你爱他（她），请及时让他（她）知道。并深深地爱，不要放弃。

通过对比，你可以发现，第二则故事在第一则故事情节的基础上做了一些取舍与简化，比如莱昂与芭莎公主相遇的过程、多年后的相见、莱昂后来的生活等。并在结尾加上了"点睛"的一段话，让消费者知道德芙巧克力的真正意义所在。能更好地起到宣传产品的作用。

6.4.2　口诀二："意"

英国的豪华汽车品牌宾利曾有这样一则故事型广告：一个修车小伙，为了追求自己心爱的姑娘，开自己修理的豪车伪装成阔少。日子一天天过去，直到某一天，小伙突然发现自己每天偷开的车子的主人竟然就是这位姑娘。在这样一场意外的相遇中，男女主虽然感到尴尬，但接着彼此相拥。也正是因为这则广告文案的"意外"，为宾利车带来了一些热度。

以上所举的例子所展现的"意外"，正是我们要讲的第二大口诀——"意"。

事实上，这种"意外"的故事写作手法，是著名小说家欧亨利经常采用的，即结局真相总是出人意料。那么，这种"意外"到底如何在故事型文案中塑造出来呢？

1. 意外 = 误导 + 转弯

曾经一个叫 More than medication 的公司做了一个企划片，该公司主要推崇非药物的治疗方式。方案最开始讲述了一个彻夜偷偷在别人墙上涂鸦的少年，母亲对其十分失望。

乍一看，这些情节会给观众一个误导：这个少年是个不良少年。然而当少年拉开窗帘的一刹那，才真相大白。原来少年整夜涂鸦，只是想为卧床不起的重病妹妹，画出生命的希望。

看完这则故事文案，你是否会感叹：原来这个少年并非大家所想的那样少不经事。

这就是故事型文案中所制造的"意外"。先用一个很巧妙的"误导"，再加上一个结局的"转弯"，让消费者认为某件事情理所应当的时候，却在结尾给消费者一个更具冲击性与颠覆性的答案，让人出乎意料。

2.意外 = 熟悉 + 惊喜

生活中，当消费者从熟悉的事物上发现它令人惊喜的一面，就会觉得很"意外"。例如，在大多数的人眼中，"大白兔"一直是"好吃的糖"。但令人惊喜的是，大白兔联合气味图书馆推出了一款"大白兔香水"，其故事型文案如下：

标题：来点孩子气

10岁的小朋友气味图书馆和陪伴我们60年的大朋友大白兔，在2019年成为了忘年交，携手带来童年的"通感"奇遇。

这场奇遇，重现了那些过去的时光，为国人打造了一份香甜的礼物，唤醒你久违的"孩子气"。

"大白兔奶糖竟然出了香水！"这不禁让很多消费者在"熟悉"中找到"惊喜"的感觉，并且文案以故事性的描写手法，传达给消费者这样一条信息：气味图书馆和大白兔合作了，让消费者在意外中感到亲切。

以上这两点"口诀"，每一点都需要文案创作者花时间去思考，这样才能实现故事型文案的优化，让你的文案更能打动人心。

文案"加油站"

找一篇你认为写得较好的品牌故事，尝试运用两大口诀对其进行优化，训练优化文案故事的能力。

第7章
短视频精彩文案：产品疯传＋疯卖

随着抖音、快手悄悄"入侵"我们的生活，短视频营销也呈风靡之势。问题是，在海量的短视频内容中，如何才能让自己的短视频脱颖而出，充分抓住消费者的注意力，实现千万级流量的转化？这其中，起决定作用的重要因素之一便是短视频文案。

7.1　通用版：六类常见短视频文案的写作方法

短视频已然成为人们生活不可分割的一部分，"南抖音、北快手"便是它们影响力的体现。各个商家、企业、自媒体人纷纷涌入短视频平台，试图在大流量池中分得"一杯羹"，实现变现。

查看众多火爆的短视频，不难发现其文案往往是点睛之笔，不仅可以吸引众多消费者前来观看、评论、转发短视频，还能让消费者快速下单。接下来，将给大家分享打造爆品短视频文案的六种通用类型，希望能够帮助你创作出优秀的文案。

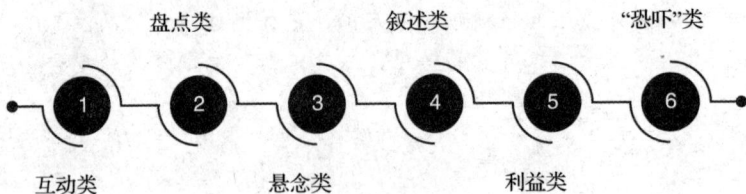

图 7-1　六类常见短视频文案的写作方法

7.1.1　互动类

互动类文案的目的是与消费者交流，对消费者有一个更加深刻的认识的同时，还能帮助你与消费者建立深厚的信任、情感联系。这有利于你培养忠诚的消费者粉丝。

在创作互动类的文案时，应尽量多使用疑问句、反问句，或者提出开放式的问题，这是激起消费者互动兴趣的"钩子"。

例如，抖音上的某款大衣的文案：

你会允许男（女）朋友和前任穿一样的情侣装吗？

这一问题涉及到人们的热议话题"前任"，于是消费者纷纷留言、评论，大多数回答是"不允许"。该短视频通过吸引消费者的兴趣来为大衣引流，不到半小时，这款大衣的销售数量便已经达到了 598 件。

你在创作互动类的文案时，可以多用"你在心中打多少分？""你怎么看？""你喜欢吗？""那么觉得我应该怎么办？""有怎样的体验？"等方式提问，让消费者积极参与，从而实现互动、引流、变现的"三部曲"。

7.1.2 盘点类

盘点类就是以某个主题为核心，将其相关的信息全部分条罗列。盘点法也是短视频文案中最常见的类型，一般与数字结合起来，在文案中并不会将多余信息罗列出来，而是用数字来做总结，让消费者点进视频去了解具体的信息罗列情况。

例如，抖音的某个卖托特包的文案如下：

不看后悔！上班通勤的姑娘，可考虑入手的超级无敌轻的 6 款托特包！

爱包狂魔了解一下。

这样的文案直接点明了销售主体"上班通勤的姑娘"，具备指向性，可以让这样的消费者愿意去点开视频观看，从而提高消费者"种草"的机会。

再例如，快手上某个卖化妆品的文案：

让男友喜欢上口红 10 大方式，你 get 到了吗？

在创作盘点类的文案时，要注意将主题人群感兴趣的话题联系起来。在短视频上最常见的、最能引起注意的话题有"男女朋友""亲子关系""生活趣事"等。假设你在短视频中销售的产品是香水，你可以将话题转到"男女爱情"上，实现引流变现之目标。

7.1.3 悬念类

悬念类短视频是最能引起观众注意力的类型，能够迅速实现引流目的。其文案也秉持着设置悬念的原则。例如，李佳琦的某个文案：

原来你们喜欢的番茄色是这支……

在消费者心中留下一个大大的"问号"：究竟是哪只？于是就会去点开视频观看，最终让粉丝"种草"、购买，提升产品的销量。

再例如，在快手上有一个售卖有关互联网思维书籍的文案：

一个老太太的地位与马云同起同坐……

消费者看了之后，不禁发出这样的疑问：为什么一个老太太能与马云同起同坐？她是谁？她的背景是怎样的？是财力上的同起同坐，还是智慧层面的同起同坐？让消费者忍不住点进去观看。

其实，这个短视频的主题是"马云和老太太都用支付宝支付事件后的互联网思维"。如果直接在文案中这样表述，是不是会让人索然无味，觉得无聊至极？该短视频的技巧在于将名人与普通人联系起来，创造出悬念，吸引消费者继续观看，从而提升变现率。

你在创作悬念类的快手、抖音文案时，还可以这样来表述："一定要看到最后一秒""第八件不要买""结尾高能预警"等，这些都是能够创造悬念的内容。

7.1.4 叙述类

通过描述一个故事，或者叙述一个事件来吸引用户的注意，也是打造高变现率的短视频文案的好方法。

你在创作叙述类的短视频文案时，需要选择富有场景感的事件，或者具备感染力的故事。如果只是单纯描述某个平淡的事件，自顾自地将事件平铺直叙，必然无法吸引消费者。

例如，抖音上有这样一条文案：

认识两年的一个理发师，只能在走廊里抽空吃个泡面，漂着的人都不容易啊！

这样的文案十分具备场景感，可以引起许多在外漂泊打拼的游子的共鸣，让他们想起自己的一些经历，实现引流的目的。

上述的文案叙述的是生活中真实的故事，你还可以打开脑洞，创作出自己的故事，来实现引流变现的目的。例如，快手上的某个文案内容为：

小伙是个购物狂，明明有钱却很抠门，为省 200，扔了 8000 ？

通过构建一个具有强烈对比感的故事，使人们产生疑问：他为什么省了 200 扔了 8000 ？究竟发生了什么事情？通过疑问引起人们的兴趣。这个故事依旧是以现实中的人为主题的文案，而在抖音上还有根据产品创作出的完全虚构的事件，来吸引消费者下单。

例如，抖音上有许多小说的文案，其内容便是紧密贴合书籍内容，以故事的方法将小说的起点表述出来，让消费者想要继续阅读下去：

超级修炼天才丹田被破，看他如何逆袭！

全站小说免费看，不花钱就能看到大结局！

这类文案只会截取小说的开头片段，来激起消费者的阅读兴趣，想要去了解主角的逆袭之路，从而为小说、小说平台引流。

你在创作叙述类的文案时，可以选择真人真事，也可以选择脑洞大开，只要能卖出产品，便是好文案。

7.1.5　利益类

利益类的文案就是让消费者看见利益，从而点开短视频观看、下单。

该方法就是用户可见的利益引导用户观看。例如，某热门 IP 游戏在抖音上的宣传推广文案：

客官，码来了！C××××，每个用户只能领取一次哟！

×× 终于公测，上架一周获得 9.8 高分！下载登录游戏就送精美外观！

在文案中设置利益点，公布礼品兑换码，告诉人们可以获得福利，让对该游戏感兴趣的玩家去下载。

除了这种直接设置利益点的文案，还有设置隐藏利益点的文案。假设你的产品是润肤霜，你设置的利益点可以是"润肤效果"，不是直接能够以金钱衡量的利益。消费者在看见润肤效果如此好之后，便会想着去购买产品尝试一下。

7.1.6 "恐吓"类

恐吓类的文案是要让消费者自我怀疑，进而去点开你的视频了解更多。

例如，快手上某个面膜的文案：

每天不敷面膜，你不怕吗？

再例如，抖音上某个卖水果的文案：

我们每天都吃的水果，你真的懂吗？

通过提问的方式让消费者产生恐慌："难道这样的小事之中还隐藏着什么玄机吗？"

以上便是短视频常见的文案类型，对文案创作者在短视频上引流变现具有一定的借鉴意义与参考价值。不论你创作的文案类型如何，成功卖出产品才是首要目的，不管黑猫白猫，只要能抓住耗子的就是好猫。

文案"加油站"

假设你的朋友家里做了许多香肠，想拜托你在短视频平台上帮忙宣传一下，你可以创作出怎样的文案？

7.2 技巧版：学"模仿"，巧"融合"

短视频爆款文案的写作是要有一定文字功底的，如果你的肚子里没墨水，不知道该从何处下笔时，你应该怎么办呢？

俗话说"有了金钥匙，不愁锁不开"，如果你还在为自己写不出短视频爆款文案而发愁，那么本节文案写作的"两大技巧"刚好能帮你解决"江郎才尽"的困境，即便你的肚子里没有墨水，也能帮你打造出火爆的短视频文案。那么，到底应该怎么做呢？

图 7-2　文案写作两大技巧

7.2.1　技巧一：学"模仿"

短视频创作界流传着这样一句话："一人原创，万人模仿。"当大家在创作短视频文案缺乏灵感的时候，可以尝试一下"模仿"这个写作技巧，站在"巨人的肩膀"上实现跃升。

"模仿"一般分为两种方法，一种是单纯的模仿，另一种是原创 + 模仿。前者是指只改变产品名称，虽然方法便捷快速，但难免有失自己本身的特色，甚至还存在抄袭的嫌疑。而后者是指主要模仿别人的大致框架，让自己的短视频文案与其他的看起来相似而已，在借鉴别人优点的同时，还保留了自己的风格。

因此，在短视频文案创作中，建议大家采用后面一种"模仿法"——原创 + 模仿。那么，到底如何实现这种"模仿法"呢？先来看一个案例：

当你不化妆去公司时，身边的同事都是这样的（此处接一些口红试色的图片），而你，啥都不是。——完美日记

完美日记这篇关于口红的短视频文案，给消费者描绘了一个关于公司的具体场景，会在一定程度上刺激那些爱"比美"女生们的心。如果你所

售卖的产品也是口红，那么就可以借鉴完美日记的这个文案来创作你的短视频文案，例如：

不用羡慕同事的口红色号，买下这支口红，成为办公室里最靓的妞！

这句文案就很好地模仿了完美日记文案中所营造的场景，达到了"换汤不换药"的效果。

需要注意的是，关于"模仿"的内容来源渠道，文案创作者不应该只局限于国内短视频平台上的一些文案，还可以从其他多种渠道借鉴，例如：

1. 微信朋友圈渠道

微信朋友圈文案上限很高，但下限也很低，这其中不乏有许多能够惊艳众人的创作，你可以找出最火爆的文案，借鉴它们的写法，制成短视频文案。在文案界，甚至还有人不断在微信朋友圈中积累素材，形成自己的创意源泉。

你在借鉴微信朋友圈文案的时候，注意要选择一些具备亮点的文案，然后将其修改，打造成自己的、具有亮点的短视频文案，吸引客户前来观看。

2. 名人渠道

所谓名人渠道就是那些社交 APP 里你关注的名人，比如微博、抖音都有不少的名人入驻，那么你就可以直接从他们的个人账号中借鉴文案内容。例如，韩寒是著名作家，他注册了微博账号，并且常常在微博上发布一些文案内容：

真正的腔调，别人给不了，你也买不到。

哪有什么风光，只希望可以少一点沧桑。

像这些文艺类的文案，你就可以借鉴到你平时的短视频文案当中。

3. 网站渠道

除了国内的网站渠道，国外的网站渠道你也可以借鉴，比如国内的有哔哩哔哩弹幕网、今日头条、斗鱼直播等；国外的有 Instagram、Facebook等。

你在从这些网站借鉴文案时，一定要选择那些"病毒型"的文案内容，这是因为"病毒型"文案内容的传播性特别强，可以如病毒一样迅速扩散开来，只要一个人"感染"就会快速传染给下一个人，经过不断传播，最终的影响力会越来越大。

4. 影视渠道

热播的电影与电视剧总能引起客户的关注与点评，你可以将剧中火的段子、让人记忆深刻的剧情等内容，与自己的短视频文案融合，从而打造出引人注目的短视频文案。

假设你的产品是化妆品，在《哪吒之魔童降世》热播期间，你可以使用你的产品，拍摄哪吒的仿妆视频，并在视频中推出相应的化妆品，促进卖货目的实现。短视频文案可以这样写：

我是一个小妖怪，逍遥又自在；

10 秒教你哪吒速成法。

你还可以直接使用电影中的台词，吸引用户前来观看短视频，加深客户对产品的印象。

每出现一部票房火热的电影、收视率高的电视剧时，都会引起客户的关注与评论，你需要将这些电影、电视剧与自身的产品结合在一起，从而为自己的产品带来流量。

7.2.2　技巧二：巧"融合"

对于一些文案创作"小白"而言，有时候"模仿"出来的文案内容，会和产品完全不搭，这时候你会发现：不能很好地将别人的文案融合到自己的文案当中，"模仿效果"是极差的。那么，怎样才能将别人的短视频文案更好地融合到自己的文案当中呢？以下有几个方法供大家参考：

1. 学习别人的思路和表达方式

虽然你"模仿"的文案内容会和产品"驴唇不对马嘴"，但是你可以学习别人的文案思路和表达方式，比如特仑苏的广告文案为：

不是所有牛奶都叫特仑苏。

假如你的产品是×××苹果，那么你的文案就可以写为：

不是所有苹果都叫×××。

这就是模仿了特仑苏文案的语序表达思路，将原本的牛奶广告巧妙地转化为苹果广告。

2. 取其精华，去其糟粕

文案融合其实就是一个"求精"的过程，面对那些你所需要的文字内容，你可以单独提出来，然后糅合到你的文案当中。比如原文案为：

众里寻他千百度，蓦然回首，那人却在灯火阑珊处。

假如你的产品是冰箱，那么你的短视频文案就可以借鉴这句文案的前半句内容：

众里寻他千百度，想要几度要几度。

这样一融合，整个文案就显得创意十足。

榜样的力量是无穷的，你可以"踩"在巨人的肩膀上进行短视频的文案创作，通过模仿和融合这两大技巧，把借鉴来的文案化为己有，从而创作出充满创意的短视频文案。

文案"加油站"

假设你的产品是鲜花，找出可以模仿的抖音短视频，并尝试翻拍，创作原创的抖音文案。

7.3 进阶版：追热点，造氛围

短视频平台作为当下最潮流的社交平台，很多内容都是紧跟潮流的。对于文案创作者而言，与时俱进是很重要的，或许一个不温不火的短视频账号，却因为某个视频文案紧贴当下热点而迅速蹿红。

因此，在这个信息爆炸的时代，与其费力地"造"热点，不如去"追"热点。只要你找准了热点，收获的目标粉丝也是精准的，比起那些"带货"性质的活动，"追热点"可以"潜移默化"地进行广告植入，进而促进消费者购买。热点自带流量，人们的关注度往往最高，打开率也会达到最高。

所以，作为一个文案创作者，"追"热点、"造"氛围完全属于基本技能，做短视频也不例外。

7.3.1　热点话题，人人刷屏

在很多人眼中，"热点"就是新浪微博里的"热搜"，其实不然，在日常生活中，只要是能够吸引大众关注的新闻、信息、一句话、一个场景、一个人、一个问题，都可以称得上是"热点"，它可以 get 到用户某一个关注点，能够吸引到足够的流量和关注度，为下一步造氛围创造契机。

一般情况下，"热点"分为以下两种类别：

1. 常规"热点"

这种类型的热点事件通常都是能够预测的，比如大众熟知的国家法定节假日、大型赛事活动、一些众所周知的纪念日等，总体上具有以下特点：

第一，能提前预见与筹备；第二，"热点"持续时间相对固定；第三，广受关注；第四，"热点"的创意性较弱。比如有些短视频博主就会利用节日热点来创作短视频文案：

标题：今天不过愚人节，4 月第 1 天！让我们一起逆袭！

什么是你一眼看到、两眼放光、十分喜欢的风格？

什么是你一眼看到、马上滑走、十分无感的风格？

（具体方法）

多了解自己，多去尝试，

都能成为独一无二的自己。

——Purple 阿紫（美妆博主）

再例如：

标题：一张照片制作浪漫情人节视频，简单粗暴。

情人节快到了，不亲手做个视频，被窝最凉的同志就是你！

（操作步骤）

看看成品效果！

（呈现视频成品）

——阿毅短视频教程（短视频制作博主）

虽然根据常规性的"热点"创作出的短视频文案并没有那么惊艳，并且还存在众多竞争者互相竞争的风险，但是对于文案创作者而言，这种常规性的热点是非常多的，能给文案创作者带来充足的思考和预备时间，用更加精彩的文案去吸引到一些粉丝。并且根据常规"热点"所创作出来的文案通常比较"接地气"，有生活色彩，让消费者更容易理解与接受。

2. 突发"热点"

与常规"热点"相反，突发"热点"往往出人意料，无法预测。因此，留给文案创作者反应和思考的时间极短，十分考验文案创作者的即时反应和快速创作的能力。

但是，这类"热点"事件带来的流量极大，短时间能够聚集大量粉丝。比如 2020 年新冠肺炎疫情暴发后，"回形针"以一个科普类的短视频获得了大量关注，其视频还被《人民日报》转发在微信公众号上，它的短视频文案如下：

标题：这场突然爆发的肺炎是如何发生和传播的？死亡率和传播速度有多高？

和你一样，回形针也一直关注这场突然爆发的新型冠状病毒肺炎，在这条视频中，我们会解释这一切是如何发生、传播和感染的。

（科普解释）

人类的赞歌就是勇气的赞歌，赞美还在认真工作的人们，希望 2020 年我们都能有更多勇气。

在这样的一个特殊的突发"热点"面前，"回形针"以其专业又深刻的分析，赢得了许多人的好评，粉丝数量一夜暴涨。

再比如，娱乐圈的《青春有你 2》选秀节目"火"到出圈，这让很多人都感到不可思议，于是，很多短视频博主开始利用这个热点来创作短视频文案，例如：

标题：谁催我的《yes!ok》教程！快来快来！起来跳舞了！

举起一个 OK。（动作描述）

蹦蹦蹦。（动作描述）

你真棒！（动作描述）

你可太棒了！（动作描述）

……

赶紧学起来！

——刘佳萱__ Ravenlibra（舞蹈博主）

这位博主通过"追"《青春有你 2》的"热点"，为自己积累了一批粉丝。

总而言之，对于文案创作者而言，这两种类型的"热点"都是可以用到自己的短视频文案当中的，它能在展示你自己东西的同时，还能帮你赢得关注此"热点"话题的粉丝朋友，让你的短视频也能有被"刷屏"的一天。

7.3.2　如何"追"热点、"造"氛围

说完利用"热点"创作文案的两种类型后，再来具体看看怎样去用文

案"追"热点,"造"氛围。在这里,给大家总结了以下几个方法:

图 7-3 "追"热点的三大方法

1.学会带热点话题

在短视频里,有带话题的功能,你可以在你的文案标题中带上相关的话题,比如:#青春有你 2#、# 李佳琦直播 # 等。这样,你所发布的短视频会被关注此话题的粉丝看到。

2.寻找差异化的角度

带了话题之后,你需要立足于这个热点话题来创新你的文案写作角度。因为,文案创作者利用热点传播的目的是促进产品的销售,并不是刷存在感或凑热闹那么简单。因此,在"追"热点之前,文案创作者需要对自己的商品有一个立体的了解,了解它所有的可宣传点,找到与目标客户兴趣相契合的点。

针对同一个热点,不同的短视频可以做出不同的高质量文案,文案创作者不能局限自己的思维,要做到差异化的表达,这样才有传播的价值。

例如,同样是护肤品牌的雅诗兰黛和巴黎欧莱雅,两者利用"新年"热点创作的短视频文案就是不同的。

新年不要金鱼眼,自信做锦鲤!跟着雅诗兰黛,紧致大眼,放眼未来!——雅诗兰黛 # 新年锦鲤 wink

小猪宝从巴黎带来新年限量好礼,祝大家新年美翻天!——巴黎欧莱雅 # 召唤新年小猪宝这两个案例虽然都是"追"了新年的热点，但雅诗兰黛的文案中主要体现了产品的功能和功效，而巴黎欧莱雅则是通过送礼，来吸引更多的消费者。

3. 强互动

人不是独立生活在群体里的，产品的传播与推广都需要产生强互动。"追"热点就是借助热点本身，让潜在的目标用户看到你的产品。自身渠道的传播力度总是有限的，需要更多的用户分享，才能完成一次优秀的"追"热点。

同样是"新年"热点，巴黎欧莱雅在短视频平台上还发起了一场"＃欧莱雅新年送礼回家"的活动，该活动文案如下：

巴黎欧莱雅 2020 致美新年送上来自巴黎的祝福和美丽好礼！即日起至 1 月 13 日参与"＃欧莱雅新年送礼回家"挑战赛，拍摄上传新年拜年 disco，参与挑战赢取新年好礼！

这场活动吸引了很多粉丝参加，巴黎欧莱雅的短视频文案不仅"追"了新年的热点，还让消费者们"追"了一波欧莱雅的热点，对产品的销售和品牌的推广起到了一定的推动作用。

7.3.3　"追"热点时的注意事项

"追"热点看似简单，实则不易，其中还有许多文案创作者需要注意的事项。

1. 注意"热点"的受众范围

"热点"一般会分为大热点与小热点，大热点一般受众范围较广，小热点的受众范围比较狭窄。因此，大家在创作短视频文案的时候，可以多"追"一些大热点。

2. 注意"热点"的匹配度

"热点"与大家所宣传的产品是否匹配也是极其关键的一个因素，如果大家只是为了"追"热点而"追"热点，那么创作出来的短视频文案效果会不尽人意。

3. 注意"热点"的话题性

如果大家选取的"热点"的话题性不是很高，那么可能对大家"追"热点的文案会带来一些影响。建议大家可以找一些具有争议性的、群体指向性的话题，这一类的"热点"一般更能引发消费者的主动参与和传播。

4. 注意"热点"的时效性

很多"热点"都是在刚刚爆发的阶段比较具有人气，但如果过了几个小时或几天后，上热门的几率就不会很大。因此，大家需要拿出相对深入的分析和创意，对短视频文案进行整合或者反转创作。

5. 注意"热点"的风险性

事物都有两面性，"热点"也是一把双刃剑，如果文案创作者用得不好，很可能会让自己的产品灰飞烟灭，比如有的短视频文案创作者会在文案里涉及一些法律法规、道德伦理、政治性的因素，给自己带来风险。

每年年末，各大网站上总会流传一个特殊的日历——营销日历，它会告诉你明年会有哪些热点，作为文案创作者的你明年或许就指着这些热点冲 KPI 了。除了营销日历，文案创作者还要用敏锐的"鼻子"，去"嗅"社会生活中的种种热点，这样才能让短视频的文案更加吸引人！

文案"加油站"

假设你的产品是玫瑰花前调的香水，你可以借助的热点有哪些？怎样才能与知名热点产生联系？请试着创作一篇借助热点的文案。

7.4　高级版：记录生活，用细节打动消费者的心

不知道你是否会有这样的感受，在刷短视频的时候，会更愿意看一些

比较生活化的视频，会觉得生活类的短视频文案更"接地气"。同样，如果你求教文案大师带你写出爆款的短视频文案，他一定会和你说，多多体验生活，去洞察生活中的细节，从生活中"提炼"好文案。

之所以这样说，是因为生活是产品和广告接触到人的唯一途径，而真真实实的生活感受是永远能带动人情绪的好文案，能让消费者感同身受或内心震撼。这其实也刚好迎合了众多短视频平台的宣传语，比如快手的"在快手，看见每一种生活"、抖音的"记录美好生活"等。

因此，要想短视频的文案打动消费者的心，文案创作者需要从"生活细节"入手，那么，具体该如何做呢？

7.4.1　记录生活故事

用短视频记录生活中的小故事，可以拉近与消费者的距离，让消费者觉得你的产品是真正有用的产品，从而提升产品的销量。例如，某魔术龙卷风卷发筒的短视频文案标题为：

早上上班来不及收拾头发，还好有这个，上班再也没有迟到过！

"来不及收拾头发"不仅是一个人的日常生活，而且是千千万万的职场女性会遇见的问题。将这种生活故事制成短视频文案，被同样问题困扰的消费者会选择尝试一下是否有用，下单购买。

用短视频记录生活中的琐碎小事，可以用看似平凡的细节打动消费者的心，从而实现产品的销售。例如，某遮瑕膏的短视频文案标题为：

用过最好用的遮瑕膏，已经空瓶。防水、很好上脸，和我一样，脸经常出油的可以试试看。

这一短视频文案只是记录了遮瑕膏空瓶的琐碎事，通过这一小事，来证明该款遮瑕膏很好用，并用真诚的语气向消费者推荐。从而，让消费者愿意去下单购买，体验一下效果。

用短视频记录生活中的小技巧，可以让消费者获得某些技能或技巧，激发消费者的学习欲望。例如，某芝士品牌的短视频文案标题为：

芝士还能怎么吃？芝士片 × 泡面，爱它就泡它！

该文案通过提出问题的方式设置悬念，让消费者忍不住点开视频看看芝士的另类吃法，了解芝士与泡面的搭配究竟是何感觉。让部分好奇的用户直接点击卖货链接，购买芝士片体验一下。

用短视频记录生活中形成的观念，通过与消费者在观念上达成一致，让消费者秉持着"支持"心态，来下单购买你的产品。例如，某有关工作效率的书籍的短视频文案标题为：

年轻人，你如何提升效率才能不加班？

这一短视频文案可谓"一石激起千层浪"，引发了大量消费者的讨论、点赞与转发。"加班"问题是当前社会的热议问题，会让更多消费者参与到讨论的过程中来，从而实现为产品引流的目的。

以上列举的例子是最常见的"生活化"文案，短视频平台上还有一些单纯依靠记录生活而火爆的人物，例如来自广西桂林的"励志的阿杰"。

在 2012 年，阿杰因为一场意外事故，导致他的身体右侧偏瘫，他的生活变得一团糟，但是他没有自暴自弃。在一次偶然的机会中，他接触到了短视频，开始记录自己的康复过程。

起先只是想记录康复过程的他，随着关注的人越来越多，后来决定分享生活中的点点滴滴。例如练习左手拿东西、跛着脚跑步、摆烤鸭摊等生活细节。很多网友不禁评论："像看到《阿甘正传》一样感动。"

自从短视频的粉丝上涨之后，阿杰为了改善自己的生活，开始正式在短视频上带货，比如，在短视频文案中，他会这样写道：

标题：我为什么要穿足托？为了能像正常人一样走路平稳不崴脚

这双足托我穿了大半年了，

与其他我穿过的足托相比，

这款足托不会刮脚，很平稳。

视频一发出，就有很多粉丝朋友在评论中问到这款足托在哪里买，让阿杰在短视频平台上成功带货，实现变现。

由此可见，阿杰通过短视频文案记录、分享自己的生活故事，打动了很多消费者的心，并且对于阿杰自己而言，制作短视频也成为了他的事业。

7.4.2　挖掘生活新鲜事

很多文案创作者或许会有这样的烦恼，一直记录某件生活中的事情，会有些枯燥无味，甚至越来越多同类型的生活账号也与之竞争，无所适从。这种情况下，文案创作者需要跳出自己固定的生活圈，在分享自己的生活的同时，挖掘一些新鲜事来为生活化的短视频文案增添色彩。

例如抖音上有个专门记录生活的博主韩安娜，她的短视频文案一直都是记录生活细节的类型，如图：

图 7-4　短视频文案截图（图片来源于抖音）

除了分享她自己一些生活的小细节外，她还会挖掘一些生活中的新鲜事来写自己的短视频文案，例如：

180+187 的奔现故事奉上，你们和男／女朋友都是怎么认识的？

这条短视频中，韩安娜以及他的男友分享了他们的爱情故事，引发了 20 多万的点赞量，相较于平时视频点赞量来说，有质的飞跃。并且还有很多粉丝看了她其他短视频之后，询问视频中所用到的产品，因此，韩安娜在短视频的商品橱窗里上架了一些视频里平时用的东西，成功为自己带货。

由此可见，如果你对生活有足够的细心观察和感悟，不如从一些生活细节来挖掘短视频的文案灵感，这样做出来的文案容易引起消费者的共鸣，打动他们的心。

文案"加油站"

请在短视频平台上查看其他创作者创作的生活类视频，并找出其中播放量最高的五条短视频，找出它们文案的共同点与成功的原因。

第8章
电商经典文案：让作品成为爆款文案的技巧

相比于短视频文案、朋友圈文案和直播文案，电商文案的表达方式显然更"直接"、更"实在"，它扮演的是"产品说明书"的角色，强调的是要把产品的卖点、价格等清楚地展现在消费者眼前。

8.1 结构篇：开头＋正文＋结尾

如果文案创作者把文案的写作看成"盖房子"，那么文案创作者首先要做的第一步就是搭起房屋的架构，只要房屋结构够合理，那么文案创作者最终盖起来的"房子"一定不会很差。因此，电商文案的写作，文案创作者需要从其结构入手。

电商文案一般由三部分构成：开头＋正文＋结尾。

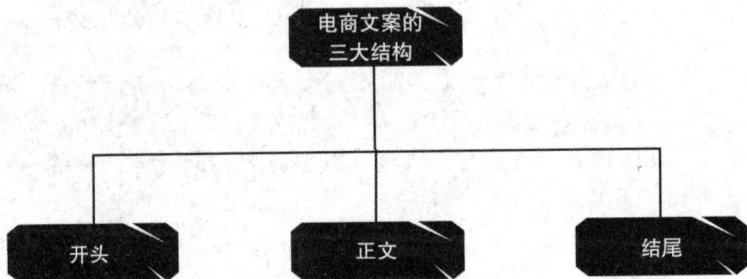

图 8-1　电商文案的三大结构

8.1.1　文案开头：吸引消费者

开头是电商文案中最重要的部分，它主要起到吸引和引导消费者的作用。因此，在开场的时候，文案创作者最好写容易戳中消费者"痛点"的内容。下面有两种写作方式供大家参考。

1. 向消费者提问

你在开头提到的问题一定是与你的产品有关的，并且是你的产品能够解决的问题。

例如健身房文案：

你还在为了减肥而节食吗？

这样一个问题，能够成功吸引消费者的注意力，并且让消费者想进一步了解有什么方法不用节食就可以达到减肥的效果。

2. 直接说明你的帮助

在这一点上多芬就做得很好：

多芬一直鼓励女人做自己喜欢的事情，尽情享受美丽，让多芬来呵护你秀发的损伤。

这则文案直接说明多芬洗发水可以帮助女性解决头发受损的问题，让女性消费者不用再受头发因为染烫而造成发质受损的困扰。这种清晰明了的方式，让消费者很快就能够理解文案的核心内容，并且更加清楚地知道产品的功能。

8.1.2　正文内容：说服消费者

在开头，文案创作者已经成功地吸引了消费者，并且让他们了解到，你可以帮助他们解决问题。接下来文案创作者要做的就是说服消费者，告诉他们为什么你可以帮助解决问题，从而达到消除消费者心中疑虑的目的。正文这一部分的创作其实是比较困难的，只有你对产品很了解，你才能去说服别人。在创作电商文案正文时文案创作者需要注意以下三点：

1. 说明足够简单并且容易被理解

文案创作者在创作文案时，一定要站在消费者的角度去考虑，消费者希望看到简单清晰的产品功能介绍以及价格等信息。

电商文案一定要让消费者容易理解。如果电商文案中的专业术语过多，消费者肯定是不愿意耗费时间和精力去解读的。如果你的产品没有办法避免用到一些专业术语，那么，你可以通过消费者熟知的事物去替代，举例作出解释说明。

例如电子产品的 CPU。很多人不懂 CPU 到底是什么意思，如果换成大家比较熟知的"心脏"，是不是理解起来容易得多呢！大家都知道，心脏是人体最重要的器官，心脏越健康越强大，人的身体就会越好，能做的事情也就越多。同理，CPU 是电子产品的"心脏"，CPU 越强大，那么该电子产品的性能就越好。

另外，不要使用特别华丽和空洞的形容词。这里有一个影楼的反面案例：

☒ 专业的摄影团队帮你拍大片。

这个文案中提到的"专业"就显得很空洞，到底有多专业呢？没有人知道。所以倒不如改成摄影师获得过什么奖项，在行业内有什么样的口碑，或者直接用数据来告诉消费者，这个摄影师拍摄出了多少优秀的照片，多少人对摄影师好评过。

2. 特色卖点能够被佐证

产品不仅要靠自身说话，很多时候，其他人对产品的评价也十分重要。在这里，文案创作者可以通过一个消费者因为你的产品而改变的小故事或者口碑数据来佐证产品的特色卖点。

故事不仅可以解释复杂的产品功能，也可以展现产品成效。更重要的是，故事本身就带有说服力，消费者在听故事的时候就已经开始相信你了。

放出口碑和数据其实重点在于指出你的受益消费者，展现出他们因为你的产品而获得的帮助，以此吸引其他有相同问题的人。

3. 贴近消费者在意的点

所谓"贴近消费者在意的点"，就是在特定的场合针对不同的人群写出不同的电商文案。比如在菜市场，就可以用"实惠便宜"这个点去进行文案的撰写；在高级商场，舒适的体验感就更适合用来作为文案的侧重点。

总而言之，没有糟糕的文案，只有懒惰的创作者。当你注意了上述几点，你就只需要准备好素材，用最简单的方式，呈现出产品的优势。到这一步，你的电商文案离成功就不远了。

8.1.3　结尾明确：推动消费者

很多人写文案的时候会忽略结尾，其实好的结尾很容易提高交易的成功率，所以，撰写文案时结尾不能忽视。当消费者坚持把文案看到结尾时，其实无非有两种情况。一是看完了文案对产品有兴趣，但是还在犹豫是否要购买；二是对文案的内容感兴趣，但是不知道产品对自己有什么作用。对于这群看了文案还在观望的消费者，好的电商文案的结尾可以让消费者不再观望，而是选择将商品加入购物车或者是立即购买。

因此，文案创作者在写作电商文案结尾时需要注意以下两点：

1. 让消费者明确接下来的具体购买行为。

2. 用具体的诱因去推动消费者完成购买。

文案其实就是在和消费者对话，在对话的最后，文案创作者要把补充的事情说完，并且晓之以理动之以情地推动消费者完成购买。

那么，文案创作者在文案的结尾怎样更好地推动消费者下单呢？人们购买商品不仅仅是单纯为了产品，而主要是两个目的：解决问题和满足心理。例如：

妇女节不知道送给妈妈什么礼物？送礼就选阿胶糕，让妈妈感受你的孝心。

这则文案既帮助消费者解决了送礼的问题，还让消费者了解到送阿胶糕可以让收礼者感受到心意。

综上所述，你要了解目的，才能选择方法。因为电商文案的一切努力，都是为了将产品的卖点和消费者捆绑在一起，并且让消费者了解"产品是与我有关的，是我需要的，是我现在就该购买的"。所以，写作的重点永远都是如何以消费者的角度来思考需求，避免让消费者疑惑。

电商文案的开头、正文和结尾都已经知道怎么写了，那么，在文章的最后再给大家提示一下文案撰写的注意事项：

1. 避免文字游戏和使用复杂的修辞。消费者想要了解的是产品，用简洁的文字直接明了地告诉消费者产品的功能与特性比什么都奏效。

2. 避免贬低其他人的产品。贬低其他人的商品只会显得产品没有特色，并且让消费者产生反感的心理，倒不如把时间多花费在宣传自己的产品上。

3. 好的文案需要配上好的图片。图片在文案中有一个最大的作用就是，能够帮助消费者缩短理解文案的时间，所以，在文案中配上一张合适的图片会锦上添花。

根据以上内容来撰写电商文案，相信你写出的文案也能够让产品大卖！

文案"加油站"

假设你在淘宝上开了一家服装店，根据上述方法，你可以创作出怎样的文案？请将创作路径的结构图表现出来。

8.2 步骤篇：五步教你写出让产品大卖的电商文案

在本节的开头，请你先来做一个思考题：下面两个电商文案，你认为哪一个文案的转化率会高一些？

图 8-2 电商文案（图片来源于淘宝）

一个让人看着眼花缭乱的文案会让消费者产生抵触甚至厌恶的情绪，

而一个过于艺术化的文案又会让消费者思索这件商品是否实用，这些都是对商品成交不利的因素。一个合格的文案要能够准确地向消费者表达出商品的信息，促成交易的实现。而这仅仅只是一个合格的文案，那么怎样才能创作出一个让产品销量节节攀升、文案火遍全网的爆款文案呢？

8.2.1　认清你的产品

大部分消费者在买东西的时候都会货比三家。作为一个文案创作者，若想让你的产品成为爆款，那么你就要找到这个产品的优势、特点和定位，并以此为基础进行文案创作。

首先要找出同类型的产品，分析它的产品性质、消费人群、关注流量等。文案创作者可以通过产品的价格区间、款式、销量来判断该产品是否和你的产品是同类产品。

对于同类型的产品，文案创作者可以从产品的展示效果、文字是否合理以及整体评价三个方面来分析。这个过程中，不能单纯地去辨别产品的长处与短板，还要去分析同类产品的其他细节，这样当文案创作者在找出自己产品的特点、明确文案的切入点后，才能不断地丰富和完善文案的内容，达到自己想要的效果。

8.2.2　认清你的消费对象

产品的定位和受众决定了你的产品销量如何，因此，对于消费对象的分析是文案创作者在创作文案过程中不可或缺的一环。

想要了解你的消费对象，浏览产品的售后评价是最直观的方法，售后评价区作为消费者最主要的发声阵地，可以让你窥探到消费者发出的不同声音。如果你想确保数据的真实性和时效性，那么你可以根据下单客户的评论和评论的时间来认证这一点。

同样，你也可以通过客户服务来了解消费者对产品的需求究竟是什么，如果你是一个服装店主，也许你会发现很多消费者在购买服装时最关心的是服装的搭配问题，那么在文案中就可以体现衣服的百搭性，来解决消费者的疑惑。

8.2.3　认清卖点与买点

认清产品的卖点和顾客的买点，就像要解开一道数学题就必须了解它背后的公式一样。文案创作者首先需要了解产品的卖点，尤其是当产品拥有多个卖点的时候，需要将它们——梳理出来并进行排序，排序最靠前的卖点也就是文案创作者需要重点把握的内容，之后就要开始寻找能够将产品卖点转换成消费者买点的方法。

文案创作者必须在自己的作品中让消费者能够直接感受到产品的卖点，能够让消费者在看到文案后能够不断加深对它的印象。比如有一句广告语是"一晚一度电"，这个是美的"新节能"系列空调具备的超级节能效果，该文案以节能为卖点，加上简单的造句，使得这句话不仅在消费者心中留下了深刻的印象，并且成功地将产品的卖点转换成买点，来达到商家想要的效果。

图 8-3　美的广告（图片来源于网络）

8.2.4　文案的创作

上学的时候老师曾经说过，写文章要先搭好骨架，然后再往里面不断地填充血肉，同样，文案创作者在创作文案的时候也需要先搭建一个骨架，然后再一步一步地使它的内容丰满起来，最终让它完整地呈现在消费者的眼前。

当文案创作者了解了产品的优势、卖点、受众以及其他的细节后，大致的文案骨架就出来了，那么接下来文案创作者就要往里面填充血肉了。一个优秀的文案，除了传达商品的各项信息外，还要具有足够强的吸引力，文案创作者可以通过语言的描述重塑消费者的认知，还可通过夸张的比喻、恐惧诉求等方式来放大效果，以此给消费者留下深刻的印象。当然，需要注意的是文案创作者的表达方式和文字的修辞手法不能触犯道德和法律的底线。

图 8-4　士力架广告（图片来源于淘宝）

这里以士力架为例，首先士力架和其他同类型的零食相比具有更高的热量，使人吃完产生饱腹感，能够给不论是学习还是运动中的人提供很好的能量补充，这是它的特点和卖点，而广告中的文案就紧扣住了卖点和特点来进行夸张和艺术化的加工，配以具有冲击感的视觉图片来吸引消费者。

8.2.5　视觉效果的展现

图片作为电商向消费者展现商品的第一窗口，它的重要程度已经不言而喻了，文案创作者要从产品本身、用户感受和同类产品三个角度来思考，如何展示文案的视觉效果。

如果你的产品具备明显的特点，那么就可以采用直观的甚至是放大的手法来展现它视觉效果的优势。上图中的士力架就是一个很好的例子，它的特点就是具备其他同类零食不具备的高热量，能作为一个很好的补充食物，所以不论是它的图片还是文案都是围绕着这个定位来设计的。

那么，问题来了，当商品没有明显优势或者特点的时候，文案创作者该如何展现其视觉效果呢？此时文案创作者可以站在消费者的角度来进行思考，寻找能够吸引他们的地方，比如产品的使用方法、文学化或者是幽默的广告词等，进而提高自己的产品在消费者中的影响力。

例如，"奥利奥"饼干的一款图片广告中重点突出了"扭一扭、舔一舔、泡一泡"这样一个简单的饼干食用方法，让消费者在它的身上找到了不一样的卖点，并且接受了"奥利奥"这款没有价格优势的饼干。从这里，大家不难看出电商文案的表现方式和制作流程中有很多技巧，需要文案创作者打开脑洞去不断创新。

想要让自己的电商文案能够促进产品的销量和影响力不断上升，文案创作者就需要把视觉感官和文字内涵的潜力充分挖掘出来，使得文案和产品成为一个整体，这样，文案创作者的文案和产品离爆款的距离才会越来越近。

文案"加油站"

仔细观察一下电商平台上的文案，找出五个你认为转化率最高的电商文案，分析一下别人的文案有何优点。

8.3 模板篇：爆款电商文案的四大模板

通常情况下创作电商文案有两个目的：一是让消费者愿意消费，二是推动消费者完成消费行为。

优秀的卖货文案结构一般都是有迹可循的，通俗来讲就是套用模板。下面有四个模板供大家参考。

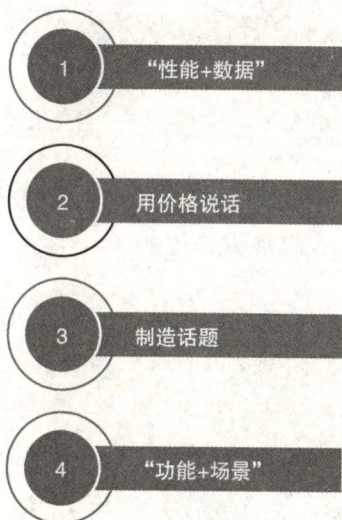

图 8-5   四大卖断货的电商文案模板

8.3.1   模板一："性能 + 数据"

作为消费者，在购买东西的时候一定会看产品的性能和效果。那么你在创作电商详情页文案时，可以把产品的性能罗列出来，并且通过数据去验证和说明产品性能，以获取消费者的信任，促进消费。

在这一点上，小米就为文案创作者们做出了很好的示范：

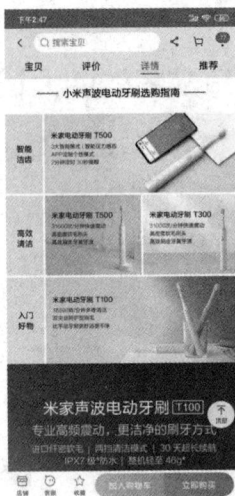

图 8-6　小米电动牙刷详情页（图片来源于淘宝）

在这篇文案中，小米通过表格罗列出了"智能""高效""优质"这三大卖点，并用"2 分钟定制""30 秒提醒""每分钟 31000 次震动""每分钟 16500 转多维清洁"等实验数据，对这些卖点进行了一对一的说明解释，让消费者更加了解这款产品的功能和优势，从而在最大程度上让消费者完成消费行为，通俗点讲就是让消费者付款。

如果想要消费者对产品的印象深刻，在创作电商文案的时候，你也可以套用这种"性能 + 数据"的写作模板，即先罗列出产品性能，再通过数据对产品性能作出说明解释。

需要注意的是，在用这个模板来创作文案时需要条理清楚，让文案清晰易懂。在创作详情页文案时一定要遵循实事求是、真实准确的原则，不然有可能会给自己带来不必要的麻烦。

8.3.2　模板二：用价格说话

绝大多数人选择电商平台购物，很大一个原因就是线上产品比线下产品更加便宜，优惠力度更大，活动也更多。如果想要消费者尽快下单，你可以直接在电商文案上列出产品优惠活动的信息，使消费者对价格心动，激发消费者的购买欲。

比如某驼背矫正器的电商文案如下：

图 8-7　驼背矫正器的详情页（图片来源于淘宝）

这则电商文案给消费者的信息就很清晰，同时用在文案里的字体颜色是尤为醒目的红色和黄色，使消费者很快就能够注意到。而其中主要展现给消费者的是下面一些优惠活动的消息：

首先，店内优惠活动是"满 195 元减 70 元"，这种满减活动让消费者清晰地知道优惠力度大，因此消费者购物欲也会上升。

其次，店内正在举行双旦促销活动，并且拍下产品后立即付款才可以享受到优惠，有了优惠活动宣传氛围的加持，会让消费者产生一种"捡便宜"的心理，从而想要尽快完成交易。

最后，用高原价和低现价做对比，明确直观地让消费者感到非常划算，产生"此时不买更待何时"的心理，以此来促使交易的完成。

当你在用模板创作电商文案时，也可以像上面的案例一样，用高亮度、高饱和度的颜色来抓住人的眼球，吸引人们的注意力。

8.3.3　模板三：制造话题

跨界联动模板简单来说就是把产品与和它相关的流量话题或流量事件相联系，从而吸引消费者的注意，实现流量的变现。

例如，乐高推出的圣诞节系列产品，是经典美剧《老友记》的周边玩具，因此它的电商文案就是围绕《老友记》来创作的，具体内容就是：

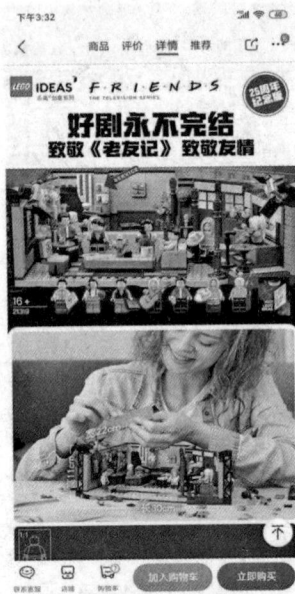

图 8-8　《老友记》乐高文案（图片来源于淘宝）

人们多少是有些念旧的，看了这个文案，再加上产品的整体特写，看过并且喜爱《老友记》的人会瞬间联想到里面的经典剧情，从而产生情感上的共鸣和归属感，忍不住要下单购买。

相同的，假如你的产品是护肤品，也可以运用这个模板来完成你的文案。

你可以借助大牌护肤品里比较有名的热门单品，创作出例如"××平价替代""××单品相同成分"等一些文案。简单来讲就是，你不仅可以选择像上面案例中那样的周边联系事物，也可以选与产品有直接关联的热门事物，这样就更加简便地借着热点去营销，来实现流量的转化和变现。

8.3.4　模板四："功能＋场景"

要明确的一点是，"功能＋场景"的这个模板其实就是在说明产品功能的同时，为消费者构建一个生动形象的使用画面，让消费者自行代入到情境中，从而产生情感共鸣，购买产品。

在这里列举一个相关的案例，案例中提到的某款足球游戏桌，就是用构建场景的模板来创作电商文案的。

图 8-9　足球游戏桌的详情页（图片来源于淘宝）

在这个文案中提到的益智玩具主要功能是"提高孩子的反应力，增进亲朋好友关系"，在图中，商家给出的信息便是"使用该足球游戏桌"。这个文案构建的情境是"家人朋友聚在一起聊天玩游戏，没有人玩电子产品，氛围轻松又愉悦"。这个画面让每个想培养孩子交流能力、反应能力，想增进家人朋友之间关系的父母，都将自己和孩子代入其中，从而在心理上认同了商家对培养孩子反应力、增进亲朋好友之间感情这个问题提供了实质性的帮助，然后去购买这款产品。

总而言之，在互联网时代，市场和消费者需求是在不断变化的，为了让文案提升销量的效果长期存在，你必须时刻监测市场数据，根据市场和消费者需求的变化来调整你的文案。

文案"加油站"

假设你的产品是一款电动美容仪，清洁能力十分强悍。你认为上述 4 个模板，哪个最适合该美容仪的文案的创作？并将创作结果记录下来。

8.4　排版篇：利用版式提升电商文案的视觉效果

随着大众审美的提升，很多文案创作者对电商文案的设计越来越重视，不同风格的店铺会采用不同的文案版式风格。如果电商文案排版的视觉效果不好，对产品的销量也会带来影响。

因此，除了"写"好电商文案，"排"好电商文案也是极为关键的一步。在这里，给大家总结了几条对策，帮助大家利用版式来提升电商文案的视觉效果。

8.4.1　合理安排布局和文案图版率

电商文案的排版布局主要有以下三种：

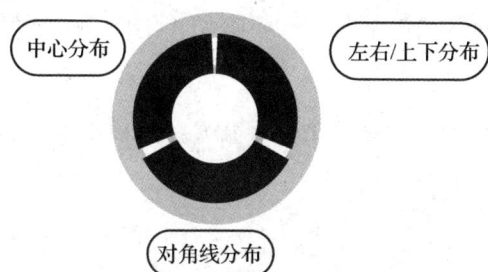

图 8-10　电商文案的排版布局

　　选择了合适的布局之后，文案创作者就要考虑文案的"图版率"了。"图版率"指的是图片所占面积的比例。如果一则电商文案全是文字，那么图版率就为 0%，反之，如果全是图片，那么图版率为 100%。一般情况下，如果图版率超过 90%，即页面文字过少或没有文字，文案就失去了本身的意义；若全部是文字，那么会让人感觉空洞乏味。

　　对于一篇实物类的电商文案来说，图版率一般保持在 30% ～ 70% 就比较完美，能在一定程度上提升文案版面的视觉效果，如下图所示：

图 8-11　图版率合理的电商文案（图片来源于淘宝）

该图中，图片所占的面积大于文案所占的面积，文字的内容也比较适当，给人的视觉感受较好。

如果是非实物类的产品，那么这时候就要以文字为主体，用图片来服务于文字，如下图所示：

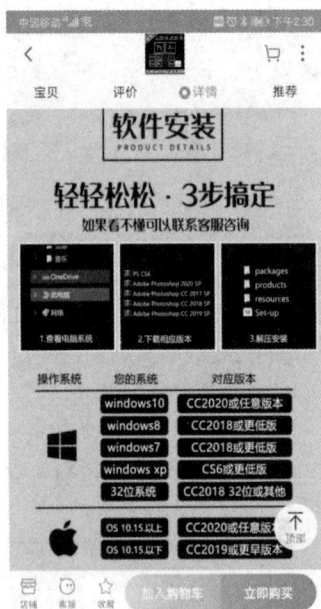

图8-12　非实物类商品的电商文案（图片来源于淘宝）

这样既体现了一定的视觉效果，也不会"喧宾夺主"。

8.4.2　巧用对比

电商文案的对比，一般分为三个层面：

1. 字体对比

不同的字体会带来不同的视觉效果，电商文案中的主、副文字可以调节成不同的字体，这样也便于消费者进行区分。

2. 粗细对比

粗细对比常常能直观地让消费者感受到文案的重点，比如电商文案中一些重要的文字可以直接加粗，如下图所示：

图 8-13　电商文案粗细对比（图片来源于淘宝）

上图中的"小米无线鼠标""简单轻便，摆脱有限束缚"就是文案中的重点，加粗之后更加醒目。

3. 大小对比

其实在上图中大家已经看到文案大小对比带来的效果，其主要作用也是为了突出重点。即让大字号的标题与小字号的正文文字形成强烈的对比，便于消费者区分文案的主次信息。

8.4.3　巧用精致简约风

"极简主义"成为了当代年轻人喜欢的风格，文案创作者在"排"电商文案的时候，可以用"精致简约风"来打造文案的视觉效果。

比如适当"留白"，不让电商文案看起来满满当当。在这一方面，"无印良品"就做得非常好，无论是它的产品外观，还是产品的电商文案，其设计就是"留白界"的典范。需要注意的是，"留白"不一定就是白色，其他颜色也可以。

除了"留白"，还要注意文案的配色。颜色杂、颜色脏都可能影响消费者在电商文案页面停留的时间。因此，在电商文案的极简设计中，文案创作者需要对颜色做减法，并且不断地调节颜色的明度、饱和度等，通过这些细微的调节才能让电商文案的精致简约风变得更加好看。

图 8-14　无印良品电商文案（图片来源于淘宝）

8.4.4　学会装饰

为了让电商文案更加有设计感，建议各位文案创作者尝试一些小技巧来"装饰"一下自己的电商文案，比如加一些直线来平衡电商文案的画面；或者将一些文字在看得懂的前提下隐藏起来，从而引发消费者的联想；或者增加文字的镂空部分，与主题图片相融合，等等。

图 8-15　电商文案的装饰（图片来源于淘宝）

比如上面这个文案中的"动感白，活力百搭"就用了双直线做装饰，这样能够与上面和下面的文字区分开来，让画面更具平衡感。

总之，一篇好的电商文案，不仅"好"在它的文字，同样也"好"在它的版式。因此，文案创作者在创作电商文案的时候，可以在文案的排版上下功夫，以此来提升电商文案的视觉效果。

文案"加油站"

在生活中，你碰到过哪些好看的电商文案的排版？建议你将其截图下来存在你的素材库中，便于下次文案排版时参考。

8.5　招式篇：让电商文案更有"料"的五大招

在文案界流传着这样的话："三流的电商文案如同白开水，平淡无奇；

二流的文案如同白面馒头，没滋没味；一流的文案如同牛蹄筋，劲道十足，回味无穷。"一流的文案便是"有料"的文案，可以激起消费者的购买欲望，并快速促成交易。

你创作的电商文案为何没有"料"？有许多人都将其原因归结到"太平了""没亮点"等表面因素，殊不知其根本原因是思考路径、文字等层面的不足。接下来，我将分享 5 个方法，从文字层面，来教你创作"有料"的电商文案。

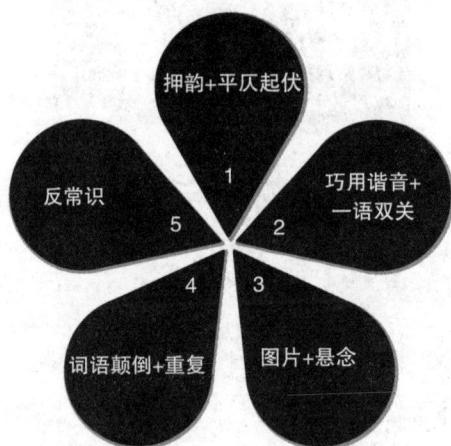

图 8-16 创作"有料"文案的五大招

8.5.1 第一招：押韵 + 平仄起伏

押韵往往可以增加电商文案的节奏感，让消费者读起来朗朗上口，更容易记住，这是最常见的电商文案创作方法。

例如，某居家拖鞋的电商文案：

脚感超级好

感脚（感觉）非常棒

无印良品制造商登录 × 平台

天竺棉居家拖鞋 129 元 4 双

"好""棒""双"，音调各不相同，通过音调的起伏，增强了该销售文案的节奏感。特别是第一句朗朗上口，十分好记。

再例如某保温壶的电商文案：

昨天的水

小心烫嘴

膳魔师制造商出品保温壶

沸水 24 小时后仍保持 58℃

"昨天的水，小心烫嘴"，其中"水"和"嘴"押韵，让人记忆深刻的同时，还用短短 8 字，凸显出保温壶的保温效果之强大，让消费者忍不住想要去购买。

8.5.2　第二招：巧用谐音＋一语双关

例如，某灯具的电商文案：

灯！等灯等灯！

好东西，终于来了

家居新品类灯具上线 × 平台

陪你度过每一个温馨的夜

本篇电商文案用"灯！等灯等灯！"的谐音来模拟一个音乐开灯的音调，让文案融入音乐，让人看一眼便能记住。

再例如，某款全手工定制超薄卡包的电商文案为：

一手包办

超大容量，简约外形，超薄贴身

其中"包"是一语双关，第一层意思指的是"包"的制作工艺全部都是手工制成的，第二层意思是指卡包本身。通过一语双关的方法，来凸显包的制作工艺之高，激发消费者的购买欲望。

淘宝上某家店铺上新了一款皮毛坐垫，并推出了如下电商文案：

懂一点皮毛

会坐得更好

澳洲进口皮毛吸湿排汗

皮毛一体坐垫上线 × 平台

在这篇电商文案中，"皮毛"便是一语双关之词，第一层意思是指一部分的相关知识，另一层意思便是皮垫的原材料。这两层意思都是为凸显皮垫"真皮"的特征服务的。

你在用此种方法创作电商文案时，一定要注意谐音或者一语双关的词语与电商文案的搭配，不要生搬硬套。

8.5.3 第三招：图片 + 悬念

例如某男士剃须刀的电商文案内容为：

排列了几张外国历史人物照片，然后在照片的下方出现文字：

都是我干的！

×××男士剃须刀闪亮登场

刚开始大家都不明所以，产生疑问"究竟干了什么"？最后再去看照片时，发现这些人的胡子都被抹得干干净净，凸显出该款剃须刀"剃得干净"的优势。既有趣，又让人印象深刻。

8.5.4 第四招：词语颠倒 + 重复

流传甚广的网络俚语中有这样一句话："人类的本质是什么？是复读机！"重复某一件、某一个行为似乎是人们的常态，这种重复运用到电商文案中，将会发挥出惊人的效果。

例如，天猫"双11"的一组电商文案：

扮成潮人，就是要不消失在人潮

把好的物品带回家，是为了把更好的状态带出门

第一篇运用了颠倒的手法，将"潮人"与"人潮"的潜在关系描述出来，激发消费者购买服装的欲望，将自己变为时尚潮人。第二篇则是运用了重复性的词语"好"，将两重层面的"好"表现出来，激发消费者产生想要更好状态的想法。

8.5.5　第五招：反常识

用反常识的方式打破消费者的固有认知，可以激发消费者的好奇心，使其对产品产生兴趣，进而在了解产品的过程中，产生消费欲望与消费行动。例如 UCC BLACK（黑）咖啡的电商文案：

有些人喜欢说自己是外贸协会的

结果自己的外贸却进不了协会

大人的腹黑语录，每天来点负能量

第一句话是人们的常识性认知，第二句则是打破人们的常规认识，完美地表现了"腹黑语录"的"黑"，从而来凸显黑咖啡的"黑"，幽默生动，让人难以忘却。

上述这些方法主要是针对产品详情页、车图、主图等内容之外的文字部分的创作。虽然电商文案的限制较多，但依旧可以用一些小技巧来使文案变得"有料"，吸引消费者的目光，引导消费者下单。

文案"加油站"

在掌握了上述文案进阶方法之后，试着创作出你自己的产品文案吧（你的办公室小零食）。

第 9 章
朋友圈爆款文案：
简短一段话，订单翻倍

　　俗话说，"每一个成功男人的背后，都有一个好女人的支撑"，而把这话套用到微信朋友圈运营中也同样适合——每一条高流量的微信朋友圈背后，都有一个好文案的支撑。文案是微信朋友圈的点睛之笔，它的魅力在于，哪怕是再平凡普通的微信朋友圈，经过文案的点缀之后，也同样可以大放异彩。

9.1　文案人设感，让你的朋友圈文案不再像广告

瑞士著名心理学家卡尔·荣格曾提出：每个人都有一副"人格面具"，这副"人格面具"是人经过对自我人格的伪装向社会展示出来的。

简言之，每个人在与他人的交往中，都为自己立了一个"人设"。这也许不是真实的你，却是你想成为的人。同理，在朋友圈文案写作时也要注重人设的搭建，使文案创作者的文案更具生命力。

9.1.1　为什么文案要有人设感

如今，不仅偶像明星有人设，就连普通素人也开始立人设。虽然，许多"人设崩塌"所导致的严重后果历历在目，但文案创作者依旧不能无视人设的重要性。

网络时代，很多人没有真正见过面，依靠网络社交熟悉对方。朋友圈文案成为了了解彼此的方式之一，因此，你的文案是什么人设，决定了对方如何看待你。

想要通过朋友圈文案"卖断货"，依靠的是"粉丝经济"，而它的特征就是"先认人，再认产品"。于是，打造一个适合自己的人设，是至关重要的。让消费者喜欢你的人设，将理性的商客利益，转化成感性的情感纽带，最大程度上认可你的文案，接受你的产品。

另外，一个恰当的人设，相当于为自己贴上了一个标签。这个标签将帮助你深入垂直领域，细化自己的受众群，提高目标客户的转化率，为接下来的文案写作打下良好基础。

9.1.2　怎样写有人设感的文案

简言之：给文案立人设，用人设写文案。

首先，文案创作者在写文案之前，要给自己确定一个人设，然后在之后的文案创作中，围绕这一人设进行写作，从而达到通过文案塑造人设的效果，如图：

图 9-1　怎样写出有人设感的文案

那么，如何在花样繁多的人设中选择适合自己的人设呢？可以通过以下三种方法，如图：

图 9-2　选择人设的三种方法

1.正确选择人设的方法

（1）与本人契合度高

古语有言："我与我周旋久，宁做我。"我和自己打交道很久了，宁愿做我自己。虽然文案创作者在创作文案时，很适合构建一个与本人相似的人设，但是并不代表要把完全真实的自己暴露出去。毕竟，文案人设是高配版的自己，可以适当加以修饰。

也有可能你认为自己没什么特别的长处，但要相信，每个人都有与众不同的地方，只要找到那个点，把它单拎出来适当放大，也就成了你的人设。

（2）与本人反差感大

前文讲述的是选择一个与自己相似的人设，但其实还有一种剑走偏锋的办法——设定一个与本人形成强烈反差的人设。这个反差可以来自你的外形、职业或爱好等。

（3）与产品关联性强

前两点提到的都是从文案创作者自身出发选择人设，此外还有一个方法是从产品出发。朋友圈文案是为了销售产品，因此可以设定一个与产品有关联的人设。

2. 根据人设创作文案

如果你有本职工作，并且具有较强的专业能力，将自己定义为"业界精英"，那么可以这样写文案，例如：

不放弃一部分自己，不会遇到未知的自己。

如果你爱看小说、电影，善于写书评、影评，很适合将自己定义为"文艺青年"，那么你的文案可以这样写，例如：

希望好心事每天照常营业，烦心事永久打烊。

如果你是一个健身教练，却不号召节食减肥，而是把自己打造成"美食家"，那么可以创作两者兼具的文案，比如：

鱼与熊掌，健身与美食，皆可兼得。

总而言之，文案的创作要围绕人设展开，再通过文案去巩固你在消费者心中的形象，让人设与文案达到相辅相成的效果。

9.1.3 如何经营文案的人设感

想要将自己的人设长期稳定地经营下去，需要注意以下两个方面。

1. 文案创作，紧扣人设

文案创作者在确定好人设之后，文案的创作必须符合这个人设，不能背道而驰。

再次列举上文中的例子：如果你的人设是"一个热爱美食的健身教练"，那么，你的文案可以围绕健身和美食展开，分享各类健身技巧和健康的菜谱。长此以往，人们将对你的文案有一个统一的印象，在消费者心中形成根深蒂固的文案人设。

反之，如果你在之后的文案里，出现了与人设不匹配的内容，比如宣扬节食减肥、非科学方式健身等，将会使人设"崩塌"，大大降低消费者对你的信任度，之前的努力都会付诸东流。

2. 提升自我，贴合人设

无论你的人设是什么，都会与真正的自己有所不同，因此，文案创作者需要不断学习，来完善和贴近自己的人设，避免出现被人当场戳穿的尴尬局面。

可能有不少人听过这个朋友圈笑话：一个将自己定义为"旅游达人"的网友，在夏天发布了一条"穿着比基尼在澳洲海滩晒太阳"的照片。明明是想通过这条朋友圈展现自己多样的生活，却被眼尖的网友发现了端倪：当国内处于夏天时，澳洲正值严寒的冬季，根本不可能出现照片中的画面。

那位网友当时的窘境可想而知，所以文案创作者必须提高与人设相关的专业知识，避免闹出笑话，造成人设崩塌。

本节内容，通过介绍朋友圈人设的重要性、如何选择适合自己的人设以及怎样维护好人设，让大家对于"如何通过朋友圈卖断货"有了深一步的了解，对于今后的实际应用应该会起到一定的参考作用。

文案"加油站"

假设你现在要在朋友圈卖货，那么，思考一下自己需要打造一个怎样的人设？

9.2　朋友圈文案构成要素：80% 的生活话题 +20% 的产品广告

一般情况下，一个好的朋友圈文案的构成要素为 80% 的生活话题

+20% 的产品广告，那么，文案创作者该如何从这两大要素入手写好朋友圈的文案呢？

9.2.1　80% 的生活话题

在微信朋友圈做生意，如果你能把微信朋友圈和生活圈打通，让微信朋友圈不再是冷冰冰的广告，更具有生活气息，那你就可以捂热微信好友的心。打造具有生活气息的微信朋友圈就必须要有足够的生活话题，那么，这 80% 的生活话题应该怎么去打造呢？

1. 四种生活类型的内容供你选择

可能对于很多人来说，在微信朋友圈发自己的生活内容，常常会泄露自己的隐私，于是不爱发微信朋友圈，但是你要想用微信朋友圈变现，那么你就必须做出一点牺牲，要放下阻碍，读懂自己，将自己的微信朋友圈关联生活，要变成一个爱发微信朋友圈的人。

也许你会说："我不知道发什么生活内容，怎么办？"没关系，这里有四种生活类型的内容供你选择：

（1）日常打卡型

日常打卡的内容有很多种选择，比如你的单词打卡、健身打卡、好句打卡等，这些内容你都可以采用，比如朋友圈带货女王"柚子妹"通常以柚子家族的晨读营来打卡：

柚子家族·晨读营 Day34

①人生需要商业模式，弯路未必不是捷径；②早上的时间不会被人打扰，可以不看信息，给自己留出大段的时间，又或者是留白，每天都要有让自己独处的时间；③看书的过程，就是与自己对话的过程，自己的思维跟着铅字在跳动，所有的画面，可以自己勾勒，似乎回到高中抄抄写写单纯的日子；④人生每一段路都有意义，失败也好，走错路也好，都是为了让你与他人不同，最后都让你变成自己。

（2）生活琐事型

生活中的琐事天然就带有"生活气息"，因此，在微信朋友圈里发一些生活琐事，会更有"烟火气"，让客户更能感觉到你的真实。

比如，"柚子妹"会在微信朋友圈分享她所遇到的事情：

今晚煤老板 F4 合体，好久好久没有和她们见面了，这个正能量的圈子，带给我许多收获，我们一起上课，一起赚钱，一起变得越来越好！

除了及时提取自己的日常生活外，你还可以多在网上冲浪，在微博、知乎、头条上面积累你的生活文案素材，这样创作出来的生活文案内容不会显得生硬和无趣。

（3）学习状态型

好看的皮囊千篇一律，有趣的灵魂万里挑一。一个人要是没有充实的精神内容，那么也无法吸引到别人。因此，学习状态很重要，如果你是一个爱学习的人，那么你的客户就会对你产生好的印象，从心底里认为你是一个积极向上正能量的人，从而会不自觉地主动与你接近。

想要塑造一个好的学习状态，你可以选择去图书馆学习打卡，可以分享线下课，还可以针对书里面的内容写一篇读后感。

（4）情感故事型

人的情感主要分为三大类：友情、爱情和亲情，你在微信朋友圈讲这些故事的时候要善于利用时间、地点、人物、事件的起因、经过、结果这六要素来塑造情感故事的画面感，有时候可以在讲述这些故事的时候微微示弱，让客户能够从你的故事中产生同理心，这样才能更好地打动客户的心。

比如，"柚子妹"会在微信朋友圈讲亲情故事：

爸爸是天，妈妈是地。在爸爸眼里，我是一个积极、乐观、向上的孩子。父母给了我最好的爱的滋养。跟爸爸链接好，事业更容易有力量，有冲劲。跟妈妈链接好，人脉关系好，而且能存钱。

父母善良了一辈子，把我和弟弟培养得全面发展，他们是功臣。我18岁开始接触传统文化、佛法。其实，最好的修行在生活中，最好的活菩萨是父母。

一直以来，父母给了我无条件的支持。他们用尽一生的福报，换我今生的福德、资粮。我已经是父母的骄傲，成为父母的孩子是我上辈子的福报。幸福又幸运，金不换的家庭，我们互相守护。

"柚子妹"通过这个亲情故事唤起客户心中的情感，从而促使客户购买她那里有关父母的产品。

2. 生活话题的展现形式

微信朋友圈的文案，一般超过七行字就会被自动折叠，因此，你要充分利用好这七行的空间，将你的主要内容精致展现。比如，你可以采取三段式文案：

周末时间，你应该干些啥？

电影是一种艺术，观看电影能缓解你紧张的工作情绪，同时你也能从电影中领悟一些人生道理。

×××电影院周末促销活动开始了，原价×××的电影票已经降到×××元，快到电影院来享受你的周末生活吧！

第一段先给客户构建一个场景：在周末，应该干些啥？第二段则进行了思想升华，说明观看电影的重要性，第三段则是引出相关产品的解说，促使客户抢购。

总之，拥有一个好的生活话题展现形式，能让你的文案更加深入人心。

3. 有互动的生活话题才更"生活"

生活话题有互动才会更"生活"，那么，怎么和客户进行互动呢？

(1) 八卦提问

生活中人们对于娱乐八卦的关注度一般都很高，因此，你可以用一些八卦式的提问来吸引客户的注意力，比如：

你知道"官宣"吗？

你听过周杰伦的歌吗？

注意八卦式的提问最好都是封闭式的，让客户只能回答是与否，这样才能更好地直接引出你的产品。

（2）自曝"隐私"，吐槽自黑

有些隐私问题你也可以适当地曝出来，比如自己的体重、身高、自己做的一些糊涂事儿，这些内容往往会助力你和客户之间的互动，产生一种亲近、幽默的氛围。

（3）福利放送

俗话说"舍不得孩子套不着狼"，偶尔的福利放送能让客户尝到甜头，增强你的客户黏性，福利放送的方式主要包括发送红包、发送福利产品等。

（4）充分利用评论和点赞功能

微信朋友圈的评论和点赞是最基本的一种互动方式。

在评论的时候，你需要让对方感受到你的真诚，比如，你想表达"真棒"的意思时，可以说"谢谢你的美图分享，很喜欢！"；你想表达"榜样"的意思时，可以说"看你的微信朋友圈总能收获能量"；你想表达"羡慕"的意思时，可以说"你的生活方式让我很羡慕呢"。总之，字数不能太短，要让别人感受到你的诚意。

同样地，点赞也需要用心，当客户发了微信朋友圈之后，你最好不要立马点赞，因为这个时间段是点赞的高峰期，客户可能留意不到你点赞了，因此，你可以选择避开高峰期，过一段时间后再给他点赞。

说完了这 80% 的生活话题，再说说 20% 的产品广告。

9.2.2　20% 的产品广告

微信朋友圈文案里的生活话题其实都是为了引出后面的产品交易，所以，当你拥有 80% 的生活话题之后，还需要有 20% 的产品广告，不然你的微信朋友圈真的只是一个分享生活的场所了，完全失去了微信朋友圈营销的意义。

那么，这 20% 的产品广告如何来写呢？

1. 卖点

为了满足客户的痛点，产品需要有自己的卖点，提炼产品卖点的主要方法是：先确认能推广产品的具体功能，然后描绘相应用户场景，最后预测使用产品后可能取得的效果。

有了卖点之后的产品广告，才能够真正抓住客户的消费需求，从而促使消费行为的发生。

2. 结构

产品的广告文案要有一定的逻辑性，也就是需要有自身的结构，比如是总分总、分总，还是总分结构，利用合理而有逻辑的方式将自己的核心卖点一点一点地展示给客户。

曾在一本书里读到过这样一句话："你若盛开，蝴蝶自来；你若精彩，天自安排。"用好的生活内容来打造微信朋友圈文案，把"卖产品"换成"卖生活方式"，相信这样的微信朋友圈一定会吸引到更多的"蝴蝶"。

文案"加油站"

假设你现在需要帮助自己的亲戚，在朋友圈发布手工牛轧糖的文案，套用本节所讲的公式，你可以创作出怎样的朋友圈文案？

9.3 吸引消费者 = 诱惑 + 承诺

如果你在微信朋友圈营销产品，想要提高卖货率，那你就得在朋友圈文案上下功夫！对于客户而言，有吸引力的文案，一定是勾起了他们的兴趣，以及让他直观地了解到，假如购买了产品自己能够得到什么"承诺"。因此，创作具有吸引力的微信朋友圈文案有一个技巧，那就是诱惑＋承诺。

9.3.1　如何让客户被你的朋友圈文案"诱惑"？

创作文案时一定要先了解客户的购买心理。通常情况下，客户在购买产品时会抱有下图几种心态：

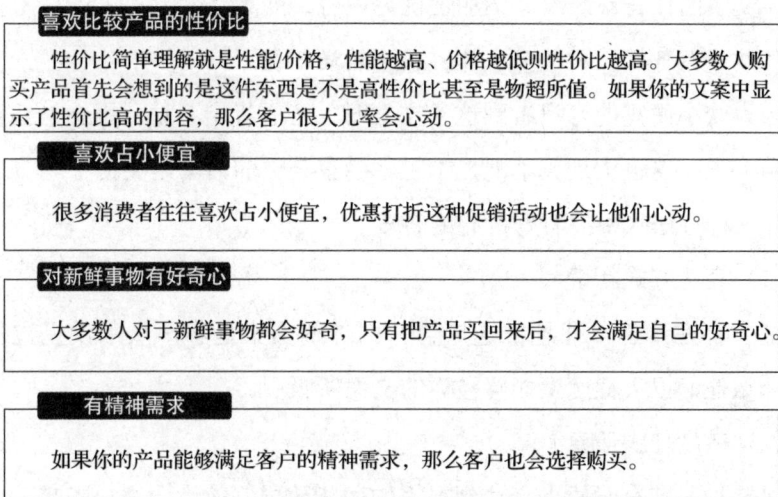

喜欢比较产品的性价比

性价比简单理解就是性能/价格，性能越高、价格越低则性价比越高。大多数人购买产品首先会想到的是这件东西是不是高性价比甚至是物超所值。如果你的文案中显示了性价比高的内容，那么客户很大几率会心动。

喜欢占小便宜

很多消费者往往喜欢占小便宜，优惠打折这种促销活动也会让他们心动。

对新鲜事物有好奇心

大多数人对于新鲜事物都会好奇，只有把产品买回来后，才会满足自己的好奇心。

有精神需求

如果你的产品能够满足客户的精神需求，那么客户也会选择购买。

图 9-3　客户购买产品时的四种心态

因此，可以利用以上几种客户心理去提升文案的诱惑力，具体方法如下：

1. 针对第一种客户，在你的文案中就要透露出你的产品质量好价格低廉的信息。让客户知道你的产品具有实用性。举个例子：

×××洗衣机原价×××，现已降到最低价格×××，大容量零噪音多种模式供你选择，买下它你就赚了！

文案中的原价以及现价的对比，还有产品性能都是能够吸引这类客户的因素。

2. 突出优惠来吸引爱占小便宜的客户

突出优惠送赠品的方式是一种非常经典的销售方式，用这种方式来吸引客户成功率非常高。在你的微信朋友圈文案中，你也可以加一些"赠品"的文字内容去吸引客户。

举个例子，微信朋友圈原文案为：

秭归伦晚脐橙，新鲜又多汁。

这条文案里虽然提到了橙子的特点，但是没有附加其他具有吸引力的信息，文案创作者不妨给文案加上优惠内容，变为：

秭归伦晚脐橙，新鲜又多汁，买一箱送一箱。

当喜欢小便宜的客户看到这条文案时，心里肯定会想：用一份钱买到了两箱橙子，这也太划算了吧！于是就会参与你的活动购买橙子。

3. 三种方法吸引拥有好奇心的客户

（1）表达方式新奇

别人都在千篇一律地推送广告，而你的文案是客户从来没见过的形式，那么他们很大程度上能够被你的文案所吸引。

（2）适度隐瞒信息

保持神秘感有时候也会达到很好的卖货效果。故意向客户隐瞒一些信息，有时候能够激起客户的好奇心，为了得知更多信息，客户反而会主动和你交流沟通，无形中给你带来更多的销售机会。在微信朋友圈文案中你就可以这样写：

只要购买任意产品达288元，可免费成为我们家会员，会员享受更多内部优惠和产品福利！

（3）不断提供新奇内容

简单理解就是你要经常在文案中向消费者分享新产品的信息。比如：

一个小妙招教你健康变白

让你两周瘦腿的一组动作

4. 文案走心才能吸引有精神需求的客户

这里说到的走心实际上是指贴近客户，走进客户的内心，引起客户的共鸣。并不是简单两句煽情的话或者特别华丽的辞藻就可以实现的，你需要有很强的洞察力，去触碰到客户的"点"才行。在创作这种文案时，你可以把自己当作客户，站在客户的角度来进行思考。

9.3.2　如何让客户信服你的"承诺"？

现在的交易越来越透明化，客户在购买产品时会注重你的产品性能。也就是说，在交易时客户需要的是"信息对称"。当客户无法直接对产品质量作出正确的判断时，可能对产品质量产生怀疑，那么你就需要在微信朋友圈文案中向消费者提供"承诺"，这样才能让客户信服。

如何让客户信服你的"承诺"？你需要注意以下两点：

1. 承诺要具体细致

具体的承诺才显得真诚，如果客户不能知晓承诺的内容，他们就会觉得你的承诺只是一种敷衍。比如有的商家会在微信朋友圈文案中这样写：

只要您进店购买指定产品，就有好礼相送！

这则文案中的"好礼"到底是什么，究竟有多好呢？消费者并不知道。既然决定送礼给客户，那么就应该把礼物表述具体。所以可以改成：

只要您进店购买指定产品，那么您将会免费获得会员名额，并且享受会员待遇，另外将赠送您两份试用装。

把"好礼"描述得具体一点，这样做出的承诺会更加打动人，更有说服力。

2. 承诺要真实可信

承诺如果不能够兑现，会降低客户对你的信任度，你的朋友圈形象也会受到影响。有时候商家会为了获得消费者的信任、提高购买率，做出一些虚假承诺或者不符合实际情况的承诺。比如有的商家会承诺终身免费保修，客户看到这种承诺难免会怀疑产品的质量或者商家能否做到这个承诺。因此，在文案创作时一定要遵循真实可信的原则。

综上所述，"诱惑"和"承诺"，能够很好地帮助文案创作者提升文案的吸引力，如果你能把这两个技巧很好地运用，那么相信你的微信朋友圈文案一定会吸引更多的客户！

文案"加油站"

假设你的产品是手工曲奇饼干，请你根据上述内容，学会抛出诱惑和承诺，创作一篇文案。

9.4 表情符号的恰当运用，让你的朋友圈文案大放异彩

在大家平时聊天和发朋友圈的时候，是否也有一种感觉，那就是不添加表情符号，就好像不能体现出想要表达的意思？大家不仅在聊天时会用到表情符号，就连发朋友圈，表情符号也是必不可少的。

在微信朋友圈文案中，一篇单纯的文字会让人觉得太枯燥，同时也无法让别人在短短的一篇文案中感受到你的情绪。如果你适当地在文案中添加一些表情符号，你的文案就会变得生动起来。不同的表情符号表示了不同的情绪，在微信朋友圈中，准确使用表情符号，既能让你的文案变得生动有吸引力，同时又能够让客户理解你的文案。

因此，我们来简单说明一下表情符号在朋友圈文案中的使用。

9.4.1 表情符号的类别

表情符号的类别通常可以分为两种：Emoji 和颜文字，具体如下图：

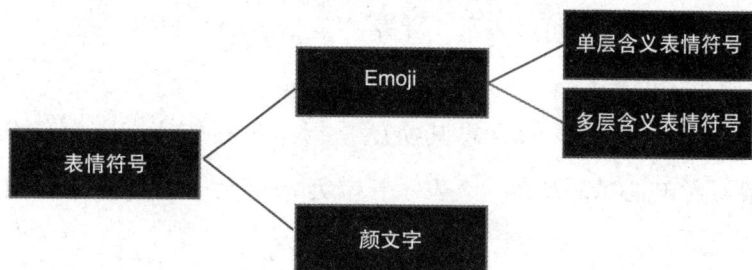

图 9-4　表情符号的两种类别

Emoji 的中文说法叫"绘文字"，"绘文字"其实是日本在网络中使用的一种视觉情感符号。"绘文字"包含两种表情符号：

1. 单层含义表情符号

单层含义表情符号通常只表达一种意思，但其中又包含着有递进情绪的同类表情符号。举个例子，下面有四个单层含义但又表示同类递进情绪的表情符号。

图 9-5　Emoji 表情

这四个表情其实都表示伤心难过的情绪状态。但是，表情符号细微的差别，使得情绪的表达强度有了区别。第一个委屈戳手指微微带有撒娇的意思，表示轻微的难过；第二个嘴角向下快要哭了，表达难过的情绪比第一个更深；第三个是有两滴眼泪，表示已经很难过了，在表现难过的基础上，还多了一层伤心的感觉；而最后一个泪流满面的表情表示特别伤心，所以这四个就是一组递进情绪的单层含义表情符号。

2. 多层含义表情符号

多层含义表情符号不仅有官方给出的含义，还有网友普遍理解的含义，比如😊，既可以表示"微笑"，又可以表示"警告"；再比如🙏，既可以表示"击掌"，也可以表示"祈祷"。再或者😳，既可以表示"脸红"，也可以表示"惊讶"。

"颜文字"这个词的意思其实就是指用不同的字或者字符来表达文字撰写者的心情。比如 ^-^ 表示"微笑"；=3= 表示"亲吻、嘟嘴"；(￣（工）￣) 表示"大狗熊"。

上面所列举到的表情符号只是表情符号中的一部分，你也可以自己去找出一些表情符号，并且尝试去揣摩它们各自的情绪含义。

9.4.2　表情符号的作用

大家看朋友圈时最不喜欢看的就是广告，因为一般来说朋友圈里的广告都大同小异。怎么样让你的文案从众多广告文案中脱颖而出呢？表情符号就是一个非常有用的小帮手。在微信朋友圈文案里表情符号必不可少，恰当地使用表情符号可以让你的文案与众不同。

先来看一个案例：

😂最得不偿失的刮毛
😂最耗时的拔毛
😂最酸爽的脱毛蜡纸
体毛旺盛的girl😈尝试各种各样的除毛方式...
不如试试冰点脱毛
让你绝不后悔🖤

图 9-6　来自朋友圈某商家的文案

从这则朋友圈文案中，大家可以很明确地了解到，在各种脱毛方式中，"刮毛"这种方式是最得不偿失的，"拔毛"又太耗时，使用脱毛蜡纸简直不要太痛太"酸爽"，这三种不好的脱毛方式用到了😂这个表情符号，体现了商家对于以上三种方式的调侃，那怎么样才能完美地脱毛呢？商家提到了重点——"冰点脱毛"。用爱心来强调冰点脱毛是最好的方式，试过以后绝对不会后悔。整篇文案看起来简洁明了，并且能够让客户理解文案想要表达的意思和情绪，更好地拉近了商家与客户的距离。总结起来，表情符号的作用可以用下图表示。

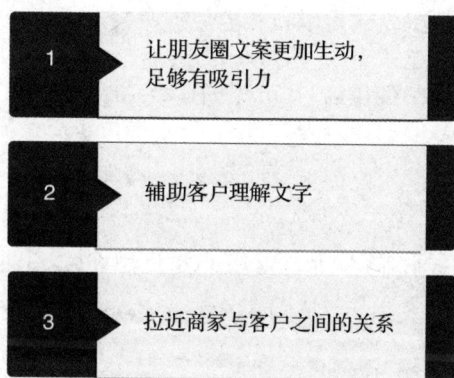

图 9-7　表情符号的作用

9.4.3　表情符号在朋友圈文案中的使用方法

表情符号其实也是微表情单位，通过微表情让客户感受你文案中的情绪，能在一定程度上提升你微信朋友圈的转化率。

来看一个微信朋友圈文案的反面案例：

图 9-8　朋友圈某美瞳文案

这条文案里没有使用表情符号，只有一些组合符号。所以消费者一眼看去就会觉得整个文案杂乱无章，没有亮点。所以不如去掉这些组合符号，用上合适的表情符号。比如这样：

> 活动更图❗❗❗
> 以下美瞳全部年抛
> 3副只要99！＋随机送一副 共4副
> 更多款式可以私我要色板～😲
> 错过双十一 再等一年😕
> 活动截止到11.11(中午12点准时结束)
> 等你们轰炸🐌

图9-9 朋友圈某美瞳文案

上图中用感叹号强调了活动更新，并且用😲这个期待的表情符号表示美瞳款式多样，用😕皱眉的表情符号告诉客户错过了这次活动很可惜，用🐌勾手的表情符号表示欢迎大家来购买。

那么，如何在微信朋友圈文案中正确使用表情符号？文案创作者需要注意以下几点：

1.礼貌亲切，积极向上

对于客户，文案创作者应该采用一些礼貌的和带有积极意义的表情符号。比如微笑、花朵、欢迎等，这样客户才能感受得到你的热情。如果文案创作者在文案中使用带有负面情绪的表情符号，例如白眼、愤怒等，就会让客户对你所发的文案产生反感。

2.适量使用，不能滥用

上文提到表情符号可以使文案变得生动有吸引力，其实只需要适量的使用就可以达到这个效果。如果使用了太多表情符号会使客户审美疲劳，找不到重点，反而弄巧成拙。同时，文案创作者也不能滥用表情符号，一定要根据你的具体文案精确地使用表情符号。这样才能让你的微信朋友圈文案脱颖而出。

总而言之，微信朋友圈里的文案，风格是多变的，不需要规规矩矩地使用纯文字，而恰当地使用表情符号，能够拉近商家与客户的距离，让客户了解到商家希望能够与自己进行更多的互动和交流。这种带有表情符号的文案能够让客户感受到你是在用心来做生意，而不是一味地输出产品信息内容。因此，客户才能够感觉到你极好的服务态度，从而增加购买产品的几率。

文案"加油站"

微信里的表情符号你都了解吗？赶快去看看有哪些符号是可以使用到文案中的，尝试用表情符号来编辑你的朋友圈文案吧！

9.5　朋友圈文案撰写技巧的四大层次，你值得拥有

好的朋友圈文案就是能够引发心灵互动的文案，这类文案的特点不在于它有多么优美的语言，而在于它表达的核心理念能够引起普遍的响应，从而达到营销传播的作用。那么，如何才能引起心灵互动呢？首先，从心灵互动的四个层次入手，来和大家探讨如何撰写朋友圈文案。

图 9-10　心灵互动的四个层次

9.5.1 第一层：吸引眼球——引发大脑与感官的关注

图9-11　引发大脑与感官的关注的五个技巧

好的朋友圈文案能快速吸引消费者的眼球。那么，怎样才能吸引眼球，这里总结了五个技巧。

1.使用阿拉伯数字

阿拉伯数字的运用能使文案所表达的信息更加明显。比如，朋友圈关于可贝思羊奶的营销文案：

温和小分子，亲和好吸收。100%纯羊乳蛋白，低致敏，好吸收。

100%体现了产品"纯粹""有营养"的特点，如果把数字换成文字"百分之百"，就不能在第一时间内传达产品最重要的信息，所以朋友圈文案要加强数字的运用，借以吸引消费者眼球。

2.采用诗歌体

在撰写朋友圈文案时要讲究排版，有层次的文案让消费者看起来更舒适，大段大段的文字会使消费者抓不住产品核心点。比如，把可贝思羊奶的营销文案改为诗歌体：

温和小分子，

亲和好吸收。

100%纯羊乳蛋白，低致敏，好吸收。

每个层次都有一个中心点，"温和""好吸收""低致敏"，看起来比较有条理。朋友圈文案可以多采用诗歌体来排版。

3. 制造矛盾对立

有矛盾对立，文案看起来才比较有趣味，才能吸引消费者的关注。
比如：

我会等你，

但房源不会等你。

将"会等"和"不会等"两个对立面放在一起，体现了房源紧张的局
面。朋友圈营销文案可以通过制造矛盾对立来激发消费者的购买欲望。

4. 制造反差

有反差的文案能有效地吸引消费者关注。比如宝马的营销文案：

恭祝奥迪荣获 2006 年南非年度车，

这份诚挚的祝福来自于，

2006 年世界年度车获奖者，

宝马 3 系。

乍一看还以为是宣传奥迪的，消费者肯定要问，是谁送的祝福，直到
后面引出"宝马 3 系"。所以，有反差的朋友圈营销文案能增加文案的趣
味性，吸引消费者购买产品。

5. 抓住热点

把当下最火的热门话题和自己的产品联系起来，借此促进产品销售。
比如：

本人郑重承诺，如有需要，

从今天开始，只要下单，

都可以将发件人姓名改成李现，

就当是你"老公"给你买礼物了。

这篇朋友圈营销文案就是借助"李现"这个时下最火的明星来造势，
从而吸引消费者购买产品。

9.5.2　第二层：深入内心——引发内心与潜意识的共鸣

能和消费者的内心达成共鸣的文案才能有效宣传产品理念，因此，朋友圈营销文案要做到深入消费者内心，从消费者的需求出发。那么，文案如何深入内心，这里总结了五点技巧。

图 9-12　引发内心与潜意识的共鸣的五个技巧

1. 幽默

幽默的营销文案愉悦消费者的心情，使消费者在愉快的心情中加深对产品的印象。比如某教育机构的朋友圈营销文案：

最近隔壁总是蹭我家 WiFi

我灵机一动

把用户名改成：×× 教育机构哪家强？

密码设置成：× × × × ×

（公司名字拼音）

没想到

3 分钟后

整个小区都连上了我家的 WiFi

这篇朋友圈营销文案就十分幽默，让消费者看到能会心一笑，心情愉悦，自然愿意购买产品。所以朋友圈营销文案要幽默，富有乐趣，才能吸引消费者长期关注并购买产品。

2. 使用专业术语

撰写朋友圈营销文案时，可以用一些专业术语来增强消费者的信任感。比如"水密码"的朋友圈营销文案：

聚焦，

年销 20 亿的水密码，

是如何把握年轻消费者的。

这篇文案开头就用"聚焦"一词，有点像新闻报道的开头语。而"水密码"的朋友圈营销文案采取这样的形式一下子就提升了该品牌的权威感，让消费者对产品更加信赖。

3. 给予红利

所谓红利就是购买产品能得到的好处和利益。比如：

转角就可遇到的美味，

沪上阿姨，

新店开业惊喜降临，

买一送一和美味来场邂逅。

"买一送一"的优惠能吸引许多消费者购买产品，对于新店来说，适当的"红利"能扩大知名度，促进产品销售。所以在撰写朋友圈营销文案时，可以用适当的"红利"来吸引消费者。

4. 增加认同

在文案里加入自己的观点，一定程度上可以起到引导舆论的作用，增强消费者对于产品的认同感。比如，戴春林的朋友圈文案：

作为国货，

我为什么选择戴春林，

因为有的鸭蛋粉里有一个成分是滑石粉，

这个戴春林没有。

这篇文案就有很强的引导性，清楚地表明了自己的观点，使消费者看到后会分清利弊，有一种认同感。

5. 调动情感

朋友圈中富有情感的营销文案通常借助感恩、尊敬、同情等话语来调动消费者的情绪，从而销售自己的产品。比如芭乐雅玻尿酸的朋友圈文案：

> 快递小哥总是这么给力，
>
> 下这么大的雨，
>
> 坚持给我送货，
>
> 让我感动的不仅是冒雨送货，
>
> 而是他说，
>
> 知道你等这个德国包很久了，
>
> 太理解我了吧，
>
> 等着玻尿酸和洗护套装出去玩。

这篇文案以对外卖小哥的感谢之情来调动消费者的情感，进而促进产品销售。

9.5.3 第三层：行动号召——引发执行行为的社交互动

朋友圈文案要充分发挥号召力，才能带动消费者购买产品，那么怎样才能引发执行行为的社交互动，这里提供三个方式以供参考。

图 9-13　引发执行行为的社交互动的三个方式

1. 从众式

大部分消费者都有从众的心理，觉得别人都买的产品肯定是好产品，比起夸张的宣传，更愿意相信大众的选择。朋友圈文案可以借助消费者这一个心理特点来推广自己的产品，比如日本 PDC 碧迪皙酒粕酒糟面膜的朋友圈营销文案：

> 日本卖到断货的酒粕酒糟面膜，

补水保湿改善暗沉提亮皮肤，

同样都是面膜，

凭什么你就比人优秀……

该文案就很好地抓住了消费者的心理，当消费者看到"卖断货""更优秀"两个词就很容易产生信任感，从而跟随大众脚步购买该产品。

2. 互动式

互动式就是和消费者进行沟通，引导消费者评论，通常采用反问的话语。比如，雅诗兰黛的朋友圈营销文案：

什么样的粉底液能让你的脸一眼看上去就很贵？

这篇文案用反问句引发消费者的舆论点，和消费者进行沟通，然后在评论基础上引出产品特性，对产品进行宣传推广。整个过程都围绕和消费者之间的互动展开，在潜移默化中推销了产品。

3. 感恩式

在营销文案中表达自己对消费者的感恩之情，可以让消费者在感动的同时也培养品牌忠诚度。比如，百雀羚的朋友圈营销文案：

百雀羚携手永盛超市，

85 周年感恩钜惠，

回馈消费者，

让你轻松美翻整个夏天。

该文案在感动消费者的同时也培养了他们的品牌忠诚度，有效地推广了产品形象。

9.5.4　第四层：裂变分享——引发无条件的转发与参与

文案撰写的最终目的就是要吸引消费者参与其中，怎样才能引发无条件的转发与参与呢？这里也总结了五点技巧。

图 9-14　引发无条件的转发与参与的五个技巧

1. 借助公益

一个合格的企业往往会参与公益行动，以增强企业形象，打造企业核心竞争力。朋友圈营销文案也可以借助公益活动来推广产品。比如完美日记的朋友圈营销文案：

一起做善待动物的倡行者，

2020 年 2 月 25 日至 2020 年 3 月 8 日期间，

完美日记天猫旗舰店和李佳琦直播间每卖出一盘小狗盘，

我们将捐赠 1 元给北京爱它动物保护公益基金会，

用于动物保护相关公益项目。

这篇朋友圈营销文案将"完美日记"和"动物保护"联系在一起，既宣传了产品，又做了公益，还提升了企业形象。所以，朋友圈文案可以多采用有公益目的的方式来销售产品。

2. 提供参考

朋友圈经常可以看到一些产品推荐，给消费者以参考价值。比如完美日记朋友圈营销文案：

40 多款完美日记单品测评，

真正值得买的是这些……

文案以推荐的方式引导消费者购买产品，让消费者不会产生排斥感。

3. 创意创新

如今营销文案最想做、最难做的就是创意创新，一个有创意的文案能让人产生耳目一新的效果。比如完美日记的朋友圈营销文案：

暂停营业两个月，

完美日记门店："我想开了。"

白胖子带你探寻完美日记新开的零售门店，

看你所在的城市门店有没有上榜。

这篇文案就比较有创意，"我想开了"这句话一语双关，能够有效地吸引消费者眼光。文案重点宣传门店，间接宣传产品。有门店的产品更能得到消费者的认可和信赖。所以，朋友圈营销文案若能发挥好创新创意的作用，会更容易把产品推广出去。

4. 制造稀缺感

这类文案通常使用限时抢购、秒杀等方式，激起消费者的紧迫感，促使消费者购买产品。

比如 WIS 面膜的朋友圈营销文案：

每周爆品秒杀，

原价 98 元 WIS 隐形水润面膜，

秒杀价，59 元，限时抢购。

这类文案让消费者觉得资源有限，错过这个活动就没有这么划算的了，进而产生消费行为。这是很常见的一种营销形式，用得好，销量会大大提升。所以，撰写朋友圈营销文案也要营造稀缺感和紧迫感，吸引消费者购买。

5. 裂变传播

微信朋友圈中有很多社交群体，可以通过优惠活动激励消费者分享产品，从而达到裂变传播的效果。比如花西子的朋友圈营销文案。

又到了激动人心的开奖时刻，

上次写的"青春有你"的文章里，

答应你们看满 140，

就抽一位姐妹，

送花西子雕花口红一支，

让我们看看是哪一位幸运儿。

每个消费者都想当"幸运儿"，这篇文案很好地抓住了消费者心理，通过消费者的关注大范围地推广产品，但这种活动不能经常做，次数多了，消费者就没有了新鲜感。适当的红利能增加产品的销量。

朋友圈营销文案有很多技巧，不管用哪个技巧，能把产品销售出去就是好技巧。在文案创作过程中，要结合产品特性，因地制宜地使用技巧，把产品推广出去。

文案"加油站"

假设你的产品是家用熨烫器，请根据上述与消费者心灵互动的四个层次，来创作出一篇优秀的朋友圈文案吧。

9.6　提升朋友圈文案效果的"三驾马车"

任何事物都有不断提升的空间，朋友圈文案也是一样，当你认为自己的文案已经写得很好的时候，其实还不够好，这也是朋友圈文案不能为你带来更多收益的原因。因此，文案创作者要对自己的朋友圈文案进行优化，运用一些方法来提升朋友圈文案的效果。

在这里，有"三驾马车"供大家参考，它们分别是：认知对比、恐惧激发、感官占有。那么，文案创作者应该如何运用这"三驾马车"来提升朋友圈文案的效果呢？

9.6.1　认知对比

所谓"认知对比"，就是文案创作者要先在文案中指出同类产品的"缺点"，并且这个"缺点"刚好又是消费者的"痛点"。然后文案创作者再展示自身产品解决这个问题的优势。例如，如果产品是一款便携式的洗手液，一般的朋友圈文案通常会这样写：

便携式洗手液，轻便小巧，你只需要轻轻一挤一抹，就能消灭手上的细菌。

上面这则文案只写到了便携式洗手液"轻便""消灭细菌"的特点。如果文案创作者在这则文案中加入一些认知对比的感受，呈现出来的效果便会有所不同：

我之前用的那款洗手液用几次就不用了，Why？带在身上太不轻便了，衣服口袋都装不下。而这款便携式洗手液比手机还小，放进口袋绰绰有余，省太多事了。

很明显，后者从普通的洗手液携带不方便引出共鸣，从而放大便携式洗手液"轻便"的优点。

9.6.2　恐惧激发

有时候，与其说拥有能带来什么，不如说没有会遭遇什么。这是利用消费者"恐惧"心理的一种方法。例如，如果产品是一款卸妆水，一般的朋友圈文案通常会这样写：

××卸妆水添加胶束分子，帮你轻松卸除油脂与彩妆！

这种只介绍卸妆水成分及效果的朋友圈文案，也许会吸引一些正好有这方面消费需求的消费者，但没有办法达到给其他消费者"种草"的效果。文案创作者可以在这则文案中加入一些恐惧激发的因素，文案效果如下：

肤质变差？不只是长痘痘，每画一次妆，皮肤的弹性度就下降了，出门遭朋友吐槽"皮肤差"，做医美又好贵，还不如来一瓶××卸妆水，集合胶束分子，帮你轻松卸除油脂与彩妆，时刻呵护你的敏感皮肤。

修改后的文案加入了一些具体场景，比如长痘痘、朋友吐槽"皮肤差"等多维度的描述，能在一定程度上引起消费者的"恐惧"，会让他们觉得：不买这款卸妆水，我的皮肤就会越来越差。

需要注意的是，文案创作者所列举的痛苦场景应该与消费者个人联系起来，不是单纯地描述这个"恐惧"，而是要激起对方的"恐惧"。

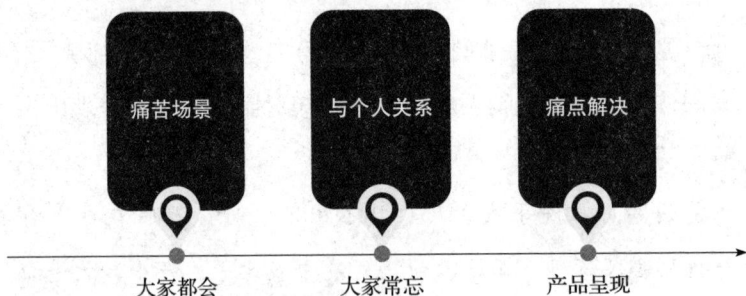

图 9-15　恐惧激发的文案步骤

9.6.3　感官占有

不知道大家的作文老师是否曾经说过"感官描述"这个词，即通过文字激发读者身体各项器官的体验能动性。其实，这也是提升朋友圈文案写作效果的一大方法。

先来看一个案例，如果文案创作者的产品是甜心柚，一般的朋友圈文案会这样写：

又大又甜的甜心柚，库存不多哦，26元一箱包邮，点链接直接下单！

对于消费者而言，这则文案的吸引点可能只有价格，缺乏一定的说服力。文案创作者可在文案中加入一些感官感受，其文案效果如下：

××甜心柚，切开一个，柚子清香扑面而来，果肉入口，香甜在唇齿间留存，味蕾已被征服，好吃到停不下来！26元，换你一次美味之旅！

文案"加油站"

假设你的产品是瑜伽垫，请利用"三驾马车"，创作一篇文案。

第 10 章
直播爆款文案：单场卖 1 亿的直播文案

    2019 年起，"直播卖货"这阵风开始"刮"起，各路红人与明星纷纷入局来抢占直播风口，直播已然成为了带货的标配。在激烈的竞争之中，你该如何获取立足之地？内修外炼是最根本的方法，而提升创作直播文案的能力，亦是关键一步。

10.1 直播文案的"门面": 预告标题 + 预告封面图

预告标题和预告封面图是直播文案的"门面",是打造直播爆款文案的"敲门砖"。但是,要想做好这个"门面",也不是一件容易的事情,这里总结了一些规范和技巧来供大家参考。

10.1.1 预告标题的写作

一个好的标题,能提升直播"带货"效果,让用户沉浸在"剁手"的购物快感之中。那么,如何才能做好标题?

1. 书写规范

要想学会撰写好的标题,首先得了解标题书写的规范,其规范有以下七个方面:

(1)不要放利益折扣信息

如"秒杀""送衣服"等,以及"#"符号,这些信息一般放在内容简介里。

(2)标题里要有场景信息

直播标题需要切中粉丝工作生活中的常见场景,这样才比较接地气,让粉丝觉得是真实的卖货直播。

(3)要让粉丝产生共鸣

让粉丝觉得你说的内容和他有关,说的就是他自己。

(4)文字简洁

简洁的标题不会让人感到啰嗦,并且能让粉丝一眼看懂。杜绝无病呻吟、口水词等内容,字数最好控制在 15 个字以内,如"回头率 100%,只因做对了这 6 件事"。

（5）突出重点

标题需要提炼，要把粉丝最关心的"痛点信息"放在标题上。一句话形容你的内容亮点，目的是让用户在众多的直播中对你直播的内容感兴趣。

（6）实事求是

"真诚"是直播成功的一大关键因素，比如主播是高一米七的长腿姑娘，那么就不要出现"小个子穿搭攻略"这样的标题。

（7）善于抓住人们的心理

很多人之所以沉迷于长期在线或者刷朋友圈，是因为他们常常会害怕错过什么，抓住这种心理可以促使人们点击或者分享内容。

比如有一篇年度热门文章，叫作《不要对自己做的 30 件事情》，此外还有类似的《应该为自己做的 30 件事》等文章，但是标题中含有负面词汇"不要""避免""别"的文章反而阅读量更高。从心理学的角度，原因是每个人都想知道他们做了哪些不该做的事情。

2. 书写技巧

了解标题的书写规范后，接下来，我们将一起探索直播标题的创作方法，打造金句标题，提升标题的吸引力，让直播在 2 秒之内便能吸引用户，提升直播的点击率。

在这里，给大家总结了一些好标题的写作技巧：

（1）用具体数字明确体现价值

在直播间里，与其说打折优惠，不如直接说能帮消费者省下多少钱，例如：

进直播间！购买春季 ×× 品牌男装，节省 35% 价钱！

（2）擅用疑问句

疑问句的形式能够引起消费者的好奇心，例如：

为什么韩国女星拥有美丽肌肤？欢迎进直播间。

这么多款香水中，你最喜欢哪一款？

通过提问，加强与消费者的互动，引导消费者评论、留言，增加直播间的活跃度。在这种环境下，更能渲染卖货的氛围。

（3）告知获得利益

你还可以告知消费者可以从产品中获得的利益。依旧以香水为例，你可以创作出这样的文案：

×××，让男神念念不忘的一款香水

这些文案都是从消费者的角度出发，让消费者看见你是真心在为他们推荐产品。随后，他们才愿意在自己的社群、朋友圈中分享你的直播，为实现成交打下基础。

10.1.2　预告封面图

人是视觉动物，对于美的事物有着本能的向往。不管是发预告，还是正式开播，一个好的封面图都显得尤为重要，它直接关系到有没有人愿意点击进来，恰到好处的视觉要素往往能够提升直播文案的视觉效果，激发观众的观看欲望。

首先，来了解一个基本的直播预告封面图的规范有哪些？

1.封面图遵循原则

封面图要足够清晰，能让人一眼看懂这场直播主要是做什么的，并且封面图的美学品质要高，能给人一种视觉享受。比如美食行业封面图要求：第一，主播或主播＋美食照片均可。第二，如果是美食照片，要色泽鲜明且和直播标题涉及的美食类型保持一致，如标题为"搞定沙拉只要三步"，那么，封面图必须为与"沙拉"相关的且有版权的照片。

2.展现固定信息

对于商家品牌的直播而言，直播文案封面需要有相应固定信息的展现，这样既能显得专业，同时还能加深观众的印象。

3.注意事项

第一，不出现任何文字；第二，不出现拼接图、边框图；第三，画面完整，主题突出，不可花哨，不可有细碎物体；第四，封面图内如有主播外的人物，需要有版权说明；第五，内容必须撑满；第六，不要贴其他不相关的元素。

4. 打标规范

标的最大尺寸为 180×60px，其位置固定在右上角，不能随意移动。

对于一些垂直行业而言，直播文案的封面要求还不一样，其主要分为两类，一类是颜值类的直播，另一类是非颜值类的直播。

1. 颜值类直播文案的封面要求

比如护肤美妆类封面图优化如下：第一，需要有主播人物照片，封面图不能仅仅是商品；第二，需要是护肤和妆后的相关美照；第三，需和直播标题涉及的妆容类型保持一致，如标题为"动物仿妆技能 get"，封面图必须为动物仿妆后的有版权的照片。

再比如潮流搭配类封面图要求如下：第一，要是搭配后的美照；第二，需和直播标题涉及的搭配类型保持一致，如标题为"手把手教你丸子头"，封面图必须为丸子头扎好后的有版权的照片。

要想颜值类的封面图具有美感，那么文案创作者还需要学会一定的PS 技术，将人物图进行适当美化，这样才能吸引观众。

由此可见，颜值类直播文案封面的重点在于展示主播或代言人的颜值，以妆容、衣着等外观要素来吸引粉丝点击，如果将颜值类的封面巧妙地加上产品的一些要点，会给人一种清新脱俗的感觉，会让观众产生进入直播间一睹真容的冲动。

2. 非颜值类直播文案的封面要求

下面再来和大家一起看看非颜值类的直播文案封面，非颜值类其实就是所谓的"品牌类"，这种类型的直播文案封面既可以用代言人 / 主播，还可以直接用商品。如果需要在直播文案封面上添加品牌 LOGO，那么就将其放在右上角，并且不能出现其他的文字。

需要注意的是，有些品牌类的直播文案封面有特殊要求，比如，母婴行业直播文案封面图要放具有版权的主播或者商品图片，不能仅放置小朋友的图片。

总之，不管是直播预告的标题，还是预告的封面，都属于直播文案的一部分，如果文案创作者能够把握好这两大"门面"，相信能给直播间带来不错的流量。

文案"加油站"

假设你的产品是手工发簪，请根据以上方法，写出合适的直播预告标题和制作出一个预告封面。

10.2 直播文案的"主心骨"：黄金话术的五大类型

阿里巴巴官方数据显示，2019年淘宝"双11"全天成交额为2684亿元，其中"淘宝直播"就直接带来了200亿元的成交。直播，已然成为了最"红"的卖货方式，李佳琦和薇娅等网红主播的带货能力更是十分惊人。网络直播带货为什么这么火热，无外乎以下几个方面的原因。第一，直播更能展现产品的真实形态；第二，直播能有效地和消费者进行沟通；第三，网红效应；第四，在直播的带动下，容易因促销而产生冲动消费。

不过，无论是做产品展示，还是与粉丝互动都需要优秀的直播文案，主播在促成交易的时候，更是离不开直播间的话术，而直播间的话术，其实就是直播文案的"主心骨"，其一般分为以下五种类型：

开门
见山型　　告知
效果型　　展示
产品型　　节日
营销型　　贴近
生活型

图 10-1　直播文案的五大类型

下面，一起来看看这五种直播文案的具体写作方法。

10.2.1　开门见山型

开门见山型直播文案通常会直接表明商品价格和优惠方式，直截了当，不用讨价还价。一般来说，开门见山型文案主要有以下几类形式：

1. 折扣型，比如某彩妆品牌直播文案：

所有直播商品统统八折！

2. 赠送型，比如某手机商家的直播文案：

只要你在本店购买任意一部智能手机，就可以获赠超值手机一部。

3. 满减型，比如某母婴品牌的直播文案：

全场满 300 减 50。

4. 清仓型，比如某服装品牌直播文案：

全场服装清仓大处理，每件 80，两件 150。

虽然直播的优惠类型有所不同，但核心点都是用划算、低廉的价格吸引消费者，引起消费者的购买欲望。这是开门见山型直播文案最常见的方法。

10.2.2　告知效果型

一个产品好不好，关键在于它的效果，这是消费者购买产品时最关注的点。直播文案创作者可以把产品效果放在核心的位置，告诉消费者使用产品后的效果，给消费者以最直观的感受，才能使消费者购买产品。

例如，薇娅在直播推荐纽西之谜隔离霜时，使用的文案为：

这个隔离霜真的很好用，淡淡的柠檬味，这个真的很好推开，能出水的隔离，不油，我一个油皮用着也毫无压力。

这个直播文案虽然没有华丽的辞藻，却十分真实，薇娅用"好用""好推开""不油"描述了自己使用产品的真实感受，告知消费者产品效果，给消费者以最直观的感受。还有李佳琦推荐欧莱雅的口红时，其直播文案

的内容为:

滋润,显色度高,正红偏一丢丢的橘,没有味道,适合薄涂,厚涂有点像吃人的,可以看我的试色,还有一个优点,便宜!

李佳琦亲自试用口红,评价口红"滋润""显色度高""没有味道",充分展示了产品的效果,能有效引起消费者的购买欲望。在满足消费者好奇心的同时,也带动了产品的销售。告知效果是直播文案最通用的形式。

10.2.3　展示产品型

这类直播文案最大的特点就是直观醒目,一定要将品牌和产品摆在最突出的位置。但一般适用于大品牌,要有一定的消费者基础。

例如,迪奥直播文案的内容如下:

迪奥后台彩妆发布派对全球直播

迪奥的直播文案没有很多华丽的修饰语言,除了展示产品外没有过多的宣传。因为迪奥有很高的品牌影响力,消费者往往在意的是它的品牌而不是文案,所以它只要突出产品和品牌就能有很高的关注度。不过,对于知名度不高的品牌来说,这种方法就不太适用了。

10.2.4　节日营销型

中国有很多传统节日,在节日期间消费者的购买欲会上涨。很多品牌会在节日期间加大促销力度,采取直播销售的形式增强消费者的参与度。

例如,魅族手机的直播文案内容为:

我的女神,妈妈。为伊憔悴,不如为爱相陪。

将产品和"女神节"结合起来,通过"女神""妈妈""相陪"这些情感诉求点拉近和消费者之间的距离,从而吸引消费者购买产品。

再例如,某手机的直播文案:

拍月亮更清晰,拍家人更美。

中秋节是团圆节，这篇文案既描绘了中秋团圆的情感氛围，又展现了手机拍照"美"的特性，借节日宣传产品特点。

节日营销型的直播文案将产品和节日联系起来，借节日氛围吸引消费者购买产品。

10.2.5　贴近生活型

贴近生活型直播文案最大的特点就是能够融入消费者的日常生活，比较有生活气息，能够拉近产品和消费者之间的距离。

比如，李佳琦推荐某款藕粉时，其直播文案的内容为：

这款藕粉，分量比普通袋装多 1 倍。按一日三餐的量来算，最少也能吃两个星期。

直播话语很平易近人，宣传产品"分量多"的特点，贴近消费者的生活需求，激发消费者的购买欲望。

还有杨宁直播的农产品，其直播文案的内容为：

这是莴笋，产自洱源县邓川镇旧州村，长在富硒土壤里，矿物元素丰富，口感细嫩，外表干净漂亮。吃就要吃天然健康蔬菜，送当然要送自然健康……

现在的消费者最在意的就是食品安全，该直播文案以"天然健康"为切入点来宣传产品特性，符合现代消费者的生活需求。通过直播来销售农产品，使网络直播更加贴近消费者的日常生活。

直播带货有很大的消费前景，通过分析直播文案的五大类型能够为直播文案的撰写提供借鉴意义。

文案"加油站"

假设你的产品是煲汤用的小砂锅，你认为上述哪种类型的销售文案适合它，请说明理由，然后再创作出一篇这种类型的直播销售文案。

10.3　两小时带货 4014 万元！"小朱配琦"教你如何用文案
　　直播带货

　　2020 年 4 月 6 日晚，"口红一哥"李佳琦和央视主持人朱广权在央视新闻的直播平台上，开启了一场公益性的直播。一场"正规军"和"游击队"的合作，堪称直播界的典范。

　　这场直播，累计观看人次达 1.2 亿，共售出总价值为 4014 万元的湖北商品，网友纷纷表示：没机会为湖北拼命，现在就为湖北拼个单。

　　在这场带货直播中，"小朱配琦"出了很多带货文案的金句，引发众人围观。那么在本节，我们将从文案写作的角度，分析"小朱配琦"直播带货文案的技巧，来教大家如何写出文化类的带货文案。

图 10-2　"小朱配琦"直播界面

10.3.1　巧借古诗与音乐，为文案添彩

　　跟大多数的直播间相比，"小朱配琦"的直播开场文案略显不同：

烟笼寒水月笼沙，不止东湖与樱花，门前风景雨来佳，还有莲藕鱼糕玉露茶，凤爪藕带热干面，米酒香菇小龙虾，守住金莲不自夸，赶紧下单买回家，买它买它就买它，热干面和小龙虾！

这段开场文案的第一句就引用了杜牧的《泊秦淮》，这种古色清新的文案风格，显示出一种深厚的文化底蕴，加上央视主持人朱广权个人魅力的加持，不知不觉就会吸引很多粉丝的注意力，让众多网友不禁感叹：果然，文化人的文案就是与众不同！

除了引用古诗，"小朱配琦"的直播文案还引用了歌词，例如卖热干面的文案：

人间烟火气，最抚凡人心。漫步东湖畔，黄鹤楼俯瞰，荆楚文化让人赞叹，但不吃热干面让人遗憾。黄鹤楼长江水一眼几千年，老汉口热干面韵味绕心间，愿亲人都平安，春暖艳阳天。

这段文案引用了李宇春在疫情期间创作的《岁岁平安》的歌词，既有文采又符合卖货主题。事实上，有很多歌的歌词都很有文采。例如，如果你想卖青花瓷，那么你的文案就可以套用周杰伦《青花瓷》里面的歌词：

素胚勾勒出青花笔锋浓转淡，瓶身描绘的牡丹一如你初妆。

这样的文案十分有文采，就很吸引消费者。

除了歌曲里面的歌词，歌曲的评论有时候也很精辟，比如网易云音乐评论里常常会有很经典的评论可以用来帮助创作文案：

认识你愈久，愈觉得你是我人生行路中一处清喜的水泽，几次相忘于世，总在山穷水尽处又悄然相见，算来即是一种不舍，我知道我是无法成为你的伴侣，与你同行，上帝不会将我的手放置于你的手中。只是我依然倾慕你，你是我生命忠贞不二的守信。

像这种抒情式的文案内容，大家可以用作产品的宣传词，比如你卖的产品是咖啡伴侣，那么你可以将上面这段文字改成如下内容：

认识你愈久，愈觉得你是我人生行路中一处清喜的水泽，作为伴侣，你一直与我同行，给我带来独特又有魅力的口味，是我生命中忠贞不二的守信。

把咖啡伴侣作为你的情感抒发对象，能让客户感受到咖啡伴侣的重要性，从而也对咖啡伴侣产生一种独特的情愫。

由此可见，有时候学会"站在巨人的肩膀上"，也是提升文案精彩度的有效方法。

10.3.2　做文案界的"Rapper"

自 2019 年"说唱"火起来后，押韵似乎成为了人们追捧的一种表现手法，在"小朱配琦"的直播中，也有许多巧用押韵的文案，例如绿豆糕的文案：

绿豆糕的优点，清热解毒顺气，口感清爽不腻，组织细润紧密，更对身体有益。

这句文案中的"气""腻""密""益"就押了韵，让直播间的粉丝不禁竖起大拇指。再例如：

朱广权：我原以为最容易的成功是支付成功，现在想来支付成功也不是一日之功。

李佳琦：想要支付成功，不是一日之功。

小助理：每天蹲在直播间，苦练成功。

这三句文案都押了"功"的韵，在给消费者传达意思的同时，还加深了消费者对文案的印象。

10.3.3　好文案，要会玩谐音梗

随着近几年《吐槽大会》的爆火，"谐音梗"开始流行起来，虽然对于脱口秀演员来说，谐音梗是一种耍机灵、不高级的技巧，但在直播文案写作中，"谐音梗"的使用还是能让人眼前一亮的，就连"小朱配琦"的

直播文案也采用了"谐音梗"，例如：

吃鱼不见鱼，鱼含肉味肉有鱼香，不管是食品还是大师级的艺术品，就像米开朗基罗在晚年的时候做出了"未完成的完成"的艺术品，是对自己艺术风格的一种超越，多纳泰罗晚年的时候敢于做出丑的美，提香晚年创作出了黑暗的光明，贝多芬晚年作品有难听的好听，不见鱼的鱼同样是大师的意境，糕实在是高！——卖鱼糕文案

藕代表着佳偶天成，而且无独有偶，吃了藕就不单身了，吃了藕就不会变心，因为奇变偶不变，符号看象限，所以吃了藕海枯石烂心不变。——卖藕文案

这两个文案中，"高"与"糕"谐音，"偶"与"藕"谐音，既点明了"糕"和"藕"这两个产品，又传达了"高"和"偶"的寓意，可谓"一箭双雕"。

10.3.4　借势娱乐潮流

当下，互联网时代的人们，对一些娱乐潮流的话题十分感兴趣。这次"小朱配琦"的直播文案中，也有一些借势娱乐潮流的文案，例如：

恩施玉露，非常好听，四个字的，四个字的不一定是成语，也可能是易烊千玺。——恩施玉露

人间唢呐，一级准备！OMG，不是我一惊一乍！真的又香又辣，好吃到死掉的热干面令人不能作罢，舌头都要被熔化，赶紧拢一拢蓬松的头发！买它买它就买它，天呐运气好到爆炸，不光买到了还有赠品礼包这么大！——热干面

这两个案例中，出现了娱乐潮流的几个点：易烊千玺、"李佳琦体"以及"蓬松的头发"，这几个点都是当下讨论度最高的话题，"小朱配琦"的文案用到这几个娱乐热点，成功和当下潮流接轨，让直播文案变得更"接地气"。

总而言之，从"小朱配琦"的直播文案中，大家能看到很多文案创作的方法与技巧，这可能也是未来直播带货文案的一种趋势——文化带货。如果你还在为直播文案发愁，不如参考一下"小朱配琦"的文案，说不定"柳暗花明又一村"。

文案"加油站"

"小朱配琦"的文案你学会了吗？快尝试用用以上技巧，来创作一个具有文化气息的直播文案吧！

10.4 罗永浩直播：带货1.8亿元的"彪悍"文案是如何诞生的

2020年4月1日晚8点，罗永浩作为新人主播在抖音首次亮相。纵观罗永浩的履历，从最开始的英语老师，到进入大众视野的第一代网红，再到后来名噪一时的锤子科技创始人，以及这次以网络主播这样一个全新的身份出现在观众的眼前。

在直播时长只有3个多小时的时间里，他的产品销售额超1.8亿元，累计观看人次超过4892.2万，最高在线人数289.3万，可谓赚足了眼球。

而对于吸引消费者眼球这件事情，老罗从来都不陌生，每一次他都能以自己的方式来获得社会各界的关注，这次的直播亦是如此。那么，现在我们就从文案写作的角度，分析和学习罗永浩"带货1.8亿元"的"彪悍"文案写作技巧。

10.4.1 吸引消费者，打好文案前哨战是关键

和一般的网络直播不同，罗永浩早在3月19日就开始在微博为自己预热，放出的文案内容也和他的直播日期一样，充满了愚人节的气息：

（基本上）不赚钱

交个朋友

（也许是）中国第一代网红

文案里，他用在括号里加字的办法，利用"基本上、也许是"等字眼巧妙地将最高级转为非最高级，以此来制造戏剧感、冲突感，从而吸引消费者的关注和讨论。

除了这张在自己微博上公布的海报以外，罗永浩还联合抖音发布了一组充满悬念的先导海报，这组海报保持了罗永浩一贯的风格，以"填空"的方式来制造悬念，唤醒消费者的好奇心和参与感：

如果不是全网最 ____，怎么会让上千万人挤在一个屋子里买东西？

如果不能帮忙节省更多的 ____，怎么会让有事做的人也在这里呆上好几个小时？

这是罗永浩开播倒计时 5 天和 4 天的海报文案，这两句话给消费者留下了充足的想象空间，到底是什么东西能够让上千万人挤在一个屋子里呢？又是什么产品能够吸引人们在这里呆这么长时间呢？这些想象空间让罗永浩赚足了噱头。

而就是这些内容一步步引导着消费者，在 4 月 1 日那天来到罗永浩的直播间，揭开那些产品的神秘面纱。

10.4.2　用文案清晰地展示产品

把消费者吸引到直播间只是第一步，那么接下来如何获取消费者的信任，让他们心甘情愿地买买买呢？

老罗为了做好自己带货直播的首秀，可谓下足了功夫。早在直播预热阶段，老罗就表示"性价比一定是消费者选品的重要考量之一"。而且在品牌的选择上下足了功夫，同样在预热阶段，联想就成为了老罗的第一个官宣带货品牌。

在产品的展示上，老罗更是面面俱到地将产品的展示牌分为展示品牌名、买点呈现、价格优惠和上产品四个部分，这里以小米"巨能写"这款产品来举例：

展示品牌名：小米巨能写中性笔

图 10-3　罗永浩直播界面

买点呈现：3.92 毫升是普通芯的 6 倍

价格优惠：到手价 9.99 元一盒十支

前三个环节不仅用一种言简意赅的方式向消费者展示了产品的基本信息和产品优势，还为产品的最后登场设计了一个小悬念，让观众期待产品到底是什么样子，不可谓不用心良苦。

在这里，不论是文案还是产品的选择，老罗都做了细致的研究，产品的选择上他用品牌来取得消费者的信任，文案的设计上，他很好地掌握了产品的特点。

10.4.3 "1.8 亿元"背后的文案技巧

如何通过文字将产品既全面又生动地展现在消费者面前，一直是文案创作者们的头等大事，而罗永浩的文案就通过 4 个技巧向消费者很好地展示了他的产品。

1. 用数据说话

在介绍产品的时候，具体的数据往往更能够使消费者清晰地了解产品，同时也能够让消费者更加信服。在展示小米 10PRO 时，文案直接这么写：

10 PRO DXOMARK 总分第一名。

用 DXOMARK 的评分数据来给自己产品站台，档次瞬间提高了不少，一下子在观众的心里树立起了权威性，让消费者产生了信赖感。

2. 通过类比，将产品生动地展现在消费者面前

当你跟一个人说一千亩土地是多大的时候，他可能没有这个概念，当你跟他说一千亩土地相当于 93 个标准足球场的大小后，他就能够一下子明白，原来一千亩土地这么大，而同样的手法也被老罗运用到了他的文案当中：

这支笔顺着跑道笔直地划，能划 1600 米。

一盒总共有 10 支笔，都够手写完一本《小王子》了；这可能也是很多人一辈子手写的量。

这是小米中性笔的介绍文案，通过类比的手法，形象并且具体地让消费者了解到产品的特点。

3. 设计场景，营造代入感

不得不说老罗在推销前认真地研究过消费者的痛点和爽点，打造出了一个消费者使用的场景，给了消费者一个购买的理由。比如，罗永浩推荐每日黑巧，其直播文案的内容为：

减肥的时候又想吃巧克力的首选！

直播话语很平易近人，抓住消费者"想减肥又想吃巧克力"的心理诉求来宣传产品"不增脂"的特点，贴近消费者的生活需求，激发消费者的购买欲望。

在老罗的直播中我们不难看出，他很喜欢运用此类的手法来吸引广大消费者来买买买。

4.采用接地气的文字风格，拉近与消费者的距离

从老罗整体的文案风格来说，句句说的都是大白话，各个层次的消费者理解起来都很容易，可以说将自己的消费群体做到了最大化：

当你采访时、上课时，可能这边刚结束录音，然后文本就转出来了，岂不是大大提高了工作、学习的效率？

这是搜狗 AI 录音笔 S1 的文案内容，这句话中"然后""岂不是"一类简单易懂的词语向观众们表现出了产品的工作效率之快，让不需要此类产品的人们都产生了购买的欲望。

从整体上来说，老罗的直播文案中并没有大量精巧的语言修饰，更多的是对消费者内心的揣摩和对产品的研究，用一种大众化的方式来获得消费者的关注和信任，直接并且有效，就如同他"彪悍"的人生一样。

文案"加油站"

假设你的产品是当季的鲜橙，请尝试运用罗永浩的文案技巧，来设计一个直播销售文案。

附录
文案禁用词

我们根据 2019 年广告法的相关规定，列出一些文案营销禁用词，文案创作者在创作文案时要注意绕开这些禁用词。

与"最"有关

最、最佳、最具、最爱、最赚、最优、最优秀、最好、最大、最大程度、最高、最高级、最高档、最奢侈、最低、最低级、最低价、最底、最便宜、最流行、最受欢迎、最时尚、最聚拢、最符合、最舒适、最先、最先进、最先进科学、最先进加工工艺、最先享受、最后、最后一波、最新、最新科技、最新科学。

与"一"有关

第一、中国第一、全国第一、全网第一、销量第一、排名第一、第一品牌、NO.1、TOP.1、独一无二、唯一、一流、仅此一次（一款）。

与"级/极"有关

国家级（相关单位颁发的除外）、国家级产品、全球级、宇宙级、世界级、顶级（顶尖/尖端）、顶级工艺、顶级享受、极品、极佳（绝佳/绝对）、终极、极致。

与"首/家/国"有关

首个、首选、首款、全国首发、独家、独家配方、全国销量冠军、国家级产品、国家领导人、填补国内空白。

与品牌有关

王牌、至尊、巅峰、领袖、之王、王者、冠军、领袖品牌、世界领先、领导者、缔造者、创领品牌、领先上市。

与限度有关

史无前例、前无古人、永久、万能、祖传、特效、无敌、纯天然、100%。

与欺诈有关

点击领奖、恭喜获奖、全民免单、点击有惊喜、点击获取、点击转身、点击试穿、点击翻转、抢爆、再不抢就没了、不会更便宜了、错过就没机会了、万人疯抢、全民疯抢／抢购、卖／抢疯了。

与迷信有关：

带来好运气、增强第六感、化解小人、增加事业运、招财进宝、健康富贵、护身、平衡正负能量、消除精神压力、调和气压、逢凶化吉、时来运转、万事亨通、旺人、旺财、助吉避凶、转富招福。